LETRAS DE TANGO

Diseño y armado: Ralph Küstner
Fotocromos: Alejandro Sardo y Luis Manevi
Impresión: Anselmo Morvillo S.A. Avellaneda, septiembre / octubre de 1997
Producción editorial: Ediciones Centro Editor S.A.

Letras de Tango es una publicación de MERALMA / E.C.E.
© Por esta edición E.C.E., 1997
ISBN 987-96187-0-X: Obra completa
ISBN 987-96187-1-8 (fasc. n° 1) / 2-6 (fasc. n° 2) / 3-4 (fasc. n° 3)
4-2 (fasc. n° 4) / 5-0 (fasc. n° 5) / 6-9 (fasc. n° 6) / 7-7 (fasc. n° 7)

Distribución:
Capital Federal
Distribuidora Huesca Sanabria
Baigorri 103 (1282) Capital Federal

MERALMA

Corrientes y Esmeralda

1934

Amainaron guapos junto a tus ochavas
cuando un cajetilla los calzó de *cross*
y te dieron lustre las patotas bravas
allá por el año... novecientos dos...

Esquina porteña, tu rante canguela
se hace una mélange de caña, *gin fitz*,
pase inglés y monte, bacará y quiniela,
curdelas de grapa y locas de pris.

El "Odeón" se manda la Real Academia,
rebotando en tangos el viejo "Pigall",
y se juega el resto la doliente anemia
que espera el tranvía para su arrabal.

De Esmeralda al norte, del lao de Retiro,
franchutas papusas caen a la oración
a ligarse un viaje, si se pone a tiro
gambeteando el lente que tira el botón.

En tu esquina un día, Milonguita, aquella
papirusa criolla que Linnig cantó,
llevando un atado de ropa plebeya
al hombre tragedia tal vez encontró.

Te glosa en poemas Carlos de la Púa
y el pobre Contursi fue tu amigo fiel...
En tu esquina rea, cualquier cacatúa
sueña con la pinta de Carlos Gardel.

Esquina porteña, este milonguero
te ofrece su afecto más hondo y cordial.
Cuando con la vida esté cero a cero
te prometo el verso más rante y canero
para hacer el tango que te haga inmortal.

Letra de Celedonio Esteban Flores y música de Francisco Pracánico.
Se difundió hacia 1934, con motivo del ensanche de la calle Corrientes. Para entonces la esquina de Corrientes y Esmeralda ya había sido llevada a la literatura por José Antonio Saldías y por Raúl Scalabrini Ortiz. La versión del poema publicado por Flores en su libro Cuando pasa el organito *presenta algunas variantes con relación a la que entregó a Pracánico para que la musicalizara.*

Glosario

Canguela: Gente de la vida nocturna
Canero: Relativo a la cárcel (lenguaje de prisión)
Cross: Inglés, aquí es golpe de puño, cruzado y contundente.
Gin fitz: Gin-fizz. Inglés, bebida que mezcla ginebra y gaseosa.
Lente: Mirar atentamente.

Corrientes vista desde la calle Libertad hacia el "bajo", donde se aprecian las obras de ensanche y su continuidad en la calle angosta. Nótese que aún no se habían iniciado las obras de construcción del obelisco y que el sentido del tránsito era a la inversa del actual, siguiendo la modalidad inglesa.

El avance incontenible de la ciudad moderna fue recreando los modos y costumbres de los porteños de los albores del siglo.

Así, el ensanche de la avenida Corrientes, conjuntamente con la apertura de la avenida 9 de Julio y la construcción del obelisco, crearon un nuevo paisaje que con sucesivas modificaciones se proyecta hasta nuestros días.

Aquellos lugares de encuentro que demolió la piqueta son los que evocan los versos de este tango, ya que la "diversión orillera" que bullía en esta calle fue reemplazada por los entretenimientos multitudinarios que la ya poderosa clase media demandaba.

Las nuevas salas teatrales, cines, confiterías, restaurantes y librerías le dieron el marco que la harían mundialmente famosa como "la calle que nunca duerme".

En 1936 se inauguraron las nuevas obras de ensanche con un baile popular, entre otros eventos.

El ensanche de la calle Corrientes visto desde la avenida Leandro Alem.

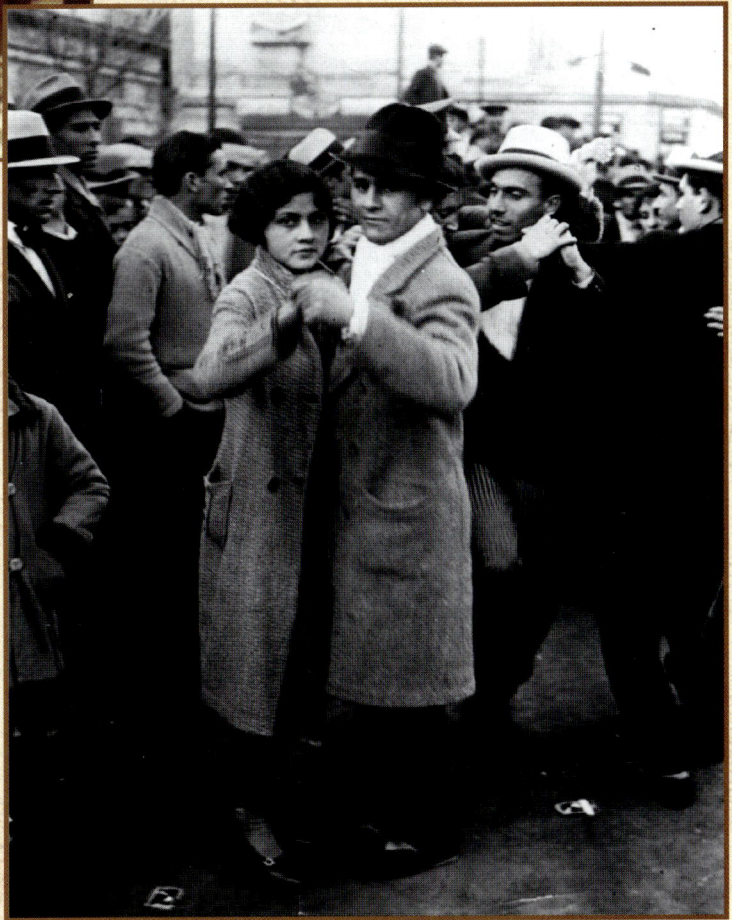

Bailes populares de 1936.

Golondrinas

1934

Golondrinas de un solo verano
con ansias constantes de cielos lejanos...
Alma criolla, errante y viajera,
querer detenerla es una quimera...
Golondrinas con fiebre en las alas,
peregrinas borrachas de emoción...
Siempre sueña con otros caminos
la brújula loca de tu corazón...

Criollita de mi pueblo,
pebeta de mi barrio,
la golondrina un día
su vuelo detendrá;
no habrá nube en sus ojos
de vagas lejanías
y en tus brazos amantes
su nido construirá.
Su anhelo de distancias
se aquietará en tu boca
con la dulce fragancia
de tu viejo querer...
Criollita de mi pueblo,
pebeta de mi barrio,
con las alas plegadas
también yo he de volver.

En tus rutas que cruzan los mares
florece una estela azul de cantares
y al conjuro de nuevos paisajes
suena intensamente tu claro cordaje.
Con tu dulce sembrar de armonías
tierras lejanas te vieron pasar;
otras lunas siguieron tus huellas,
tu solo destino es siempre volar.

Letra de Alfredo Le Pera, música de Carlos Gardel.
Cantado por Carlos Gardel en el filme El tango en
Broadway *(Long Island, 1934).*

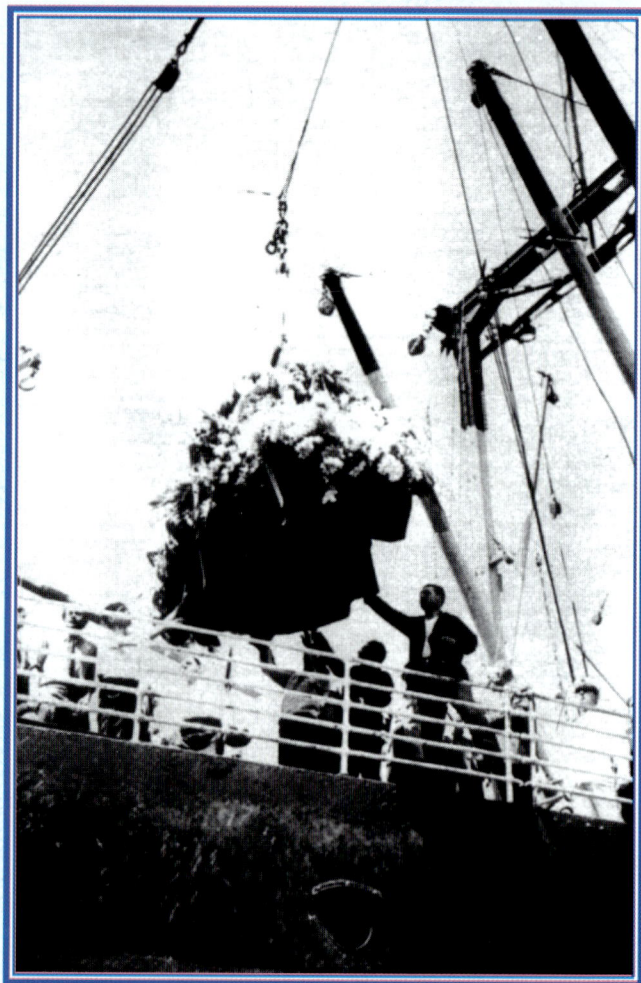

Un año después de haber filmado *El tango en Broadway,*
película en la que había estrenado *Golondrinas,* Carlos
Gardel moría trágicamente en Medellín, el 24 de junio de
1935, en un accidente aéreo.

Ocho meses después, el miércoles 5 de febrero de 1936,
el vapor "Pānamerican" regresaba a Buenos Aires los restos
mortales del cantor. Treinta mil personas vieron bajar el
ataúd cubierto de flores, sostenido por el cable de una grúa.

Pareciera como que se hubiese cumplido una oculta
premonición escondida en las letras de aquel tango:

"... con las alas plegadas
también yo he de volver..."

Kaplan, Daniel (contemporáneo).
Rubias de New York.

Debido al gran éxito obtenido por las películas de Gardel en Nueva York, la "Paramount" promueve el encuentro del cantor con el periodista y crítico teatral Alfredo Le Pera, quien también había trabajado como autor de leyendas sobreimpresas de algunas películas francesas y escrito algún tango.

El objetivo de la reunión de este dúo era que Le Pera "limpiara" el lenguaje de los nuevos tangos liberándolos del lunfardo y los hiciera inteligibles para un público internacional, pero conservando el sabor del tango.

Así nacen entre otros *Golondrinas* y *Soledad,* ambos escritos por Le Pera con música compuesta por Gardel, cantados por éste en la película *El tango en Broadway* , donde también le canta a Betty, July, Mary y Peggy en *Rubias de New York.*

Si volviera Jesús

1934

Veinte siglos hace, pálido Jesús,
que miras al mundo clavado en tu cruz;
veinte siglos hace que en tu triste tierra
los locos mortales juegan a la guerra.
Sangre de odio y hambre vierte el egoísmo,
Caifás y Pilato gobiernan lo mismo
Y, si en este siglo de nuevo volvieras,
lo mismo que entonces Judas te vendiera.

Si volviera Jesús,
otra vez en la cruz
lo harían torturar.
La mujer engaña
y el hombre se ensaña,
y no hay sol ni pan
para el pobrecito
que aún cree, bendito,
que existe bondad...
Si volvieras, Jesús,
otra vez con tu cruz
tendrías que cargar.

Letra de Dante A. Linyera y música de Joaquín Mauricio Mora.
Hay una antigua versión de la orquesta de Miguel Caló con la voz de Carlos Dante.

"... Si volvieras, Jesús,
otra vez con tu cruz
tendrías que cargar."

Presas, Leopoldo.
El descendimiento.

*"... veinte siglos hace que en tu triste tierra
los locos mortales juegan a la guerra..."*

Castagnino, Juan Carlos. (1908-1972).
Anatomía de guerra.

No aflojés

1934

Vos, que fuiste de todos el más púa,
batí con qué ganzúa
piantaron tus hazañas...
Por tu ausencia en las borracherías
cambió la estantería
el gusto de las cañas...
Compadrito de aquellos tiempos,
soy el tango hecho lamento,
corro parejo con tu pintón,
¡sufro tu misma emoción!

Vos fuiste el rey del bailongo
en lo de Laura y la Vasca...
¡Había que ver las churrascas
cómo soñaban tras tuyo!
¡Alzaba cada murmullo
tu taconear compadrón
que era como flor de yuyo
que embrujaba el corazón!

Maula el tiempo te basureó de asalto
al revocar de asfalto
las calles de tu barrio...
No es que quiera tomarlo tan a pecho
¡pero es que no hay derecho
que hoy talle tanto otario!
Macho lindo de aquel pasado,
te saludo desconsolado,
porque en tu reino sentimental
vuelco la esquina final.

*Letra de Mario Battistela, música de
Pedro Maffia y Sebastián Piana.
Fue estrenado por la orquesta de Pedro Maffia
en 1934 y memorablemente recreado por Ángel
Vargas, quien lo grabó, con la orquesta de
Ángel D'Agostino, el 13 de noviembre de 1940.*

Este tango es una evocación emocionada del
compadrito, de quien Carlos A. Estrada hizo el siguiente
retrato:

*"Pasa las noches en la trastienda de los almacenes en que
se expenden bebidas. Se alcoholiza con "caña", su néctar
favorito, y es capaz de consumir docenas de vasos, pues
chupa como una esponja reseca. Lleva oculto en la
cintura un cuchillo de riña y no son raras las veces en
que concluyen sus tertulias, con tajos a diestra y
siniestra, con marcas en la cara, o con feroces cuchilladas
en el vientre. Engreído y orgulloso, siempre está
prevenido y ve ofensa en un gesto o en una mirada".*

*"Vos fuiste el rey del bailongo
en lo de Laura y la Vasca...
¡Había que ver las churrascas
cómo soñaban tras tuyo!"*

Basaldúa, Héctor (1894-1976).
*Ilustración Cuentistas y
Pintores, Eudeba, 1978.*

"¡Alzaba cada murmullo
tu taconear compadrón
que era como flor de yuyo
que embrujaba el corazón!"

Basaldúa, Héctor (1894-1976).
Tango.

Volver

1934

Yo adivino el parpadeo
de las luces que a lo lejos
van marcando mi retorno.
Son las mismas que alumbraron,
con sus pálidos reflejos,
hondas horas de dolor;
y, aunque no quise el regreso,
siempre se vuelve al primer amor.
La quieta calle donde el eco dijo
"Tuya es su vida, tuyo es su querer",
bajo el burlón mirar de las estrellas
que con indiferencia hoy me ven volver.

Volver
con la frente marchita...
Las nieves del tiempo
platearon mi sien.
Sentir
que es un soplo la vida,
que veinte años no es nada;
que febril la mirada,
errante en las sombras,
te busca y te nombra.

Vivir
con el alma aferrada
a un dulce recuerdo
que lloro otra vez.

Tengo miedo del encuentro
con el pasado que vuelve
a enfrentarse con mi vida.

Tengo miedo de las noches
que, pobladas de recuerdos,
encadenan mi soñar...

Pero el viajero que huye,
tarde o temprano
detiene su andar...

Y aunque el olvido que todo destruye
haya matado mi vieja ilusión,
guardo escondida una esperanza humilde
que es toda la fortuna de mi corazón.

*Letra de Alfredo Le Pera y música de Carlos Gardel.
Cantado por Carlos Gardel en la película* El día que me
quieras *(Long Island, 1935).*

Gardel en *El día que me quieras*. Era la película que más
amaba, sobre todo porque en ella cantaba *Volver*.
   Este tango trata del "retorno" a la tierra amada,
situación que él vivió repetidas veces durante años.
   Fue otro éxito del dúo Gardel-Le Pera y según los
críticos, la mejor película que interpretó.

*"Yo adivino el parpadeo
de las luces que a lo lejos
van marcando mi retorno..."*

Larravide, Manuel (1871-1910).
Puerto de Montevideo.

Adolfo R. Avilés, Rosita Moreno, Carlos Gardel, Alfredo Le Pera y Tito
Lusiardo en un alto de la filmación de *El día que me quieras*, película que se
filmó en 20 días, un verdadero record, aún para nuestros días.
El periodista Avilés, el primero de la izquierda, viajó a New York, visitó
el estudio e hizo notas y reportajes.

Brindis de sangre

c.1935

Guitarrean las chicharras. Medio día.
Hay diez pingos aperaos en la ramada.
Huele a sangre y a rencor la pulpería
porque el rubio que se alzó con la María
ha vuelto esta madrugada.
El tape Cruz ya sabía
que su rival volvería
y se la tiene jurada.
Hoy ha llegao ese día.
Al pasar por la ramada
reconoce al pangaré
donde la china se fue
enancada.

Cruz no la pudo olvidar todavía.
Cruz la tiene en la memoria envainada.
Se apea en la silenciosa pulpería
y dentra como hoja afilada.

"Soy el novio de María.
Sirva dos cañas pulpero."
Alza su copa colmada
y dice al rival de un día:
"¡Brindo por la puñalada
que va a dejar estirada
o tu osamenta o la mía!".
Y sobre el pucho, bravía,
la topada.

Hay un revuelo de tira y ataja.
A poncho y cimbra, ninguno se toca.
El tallador del destino baraja:
da vuelta el mazo y la muerte está en boca.
Y frente a la pulpería
sobre el tris de la pelea
un gaucho rubio se enfría
y un pangaré lo olfatea.
Mientras Cruz, al estribar,
se pregunta todavía
por qué no se hizo matar
ya que muerto iba a olvidar
a María.

Abel Fleury puso música a este poema que firma José Suárez pero que seguramente fue escrito por el poeta y narrador uruguayo Yamandú Rodríguez.
Por la década de 1930 lo cantaban Azucena Maizani e Ignacio Corsini. Veinte años más tarde (el 9 de agosto de 1957) lo grabó Julio Sosa como vocalista de la orquesta de Armando Pontier.

Museo del cine.

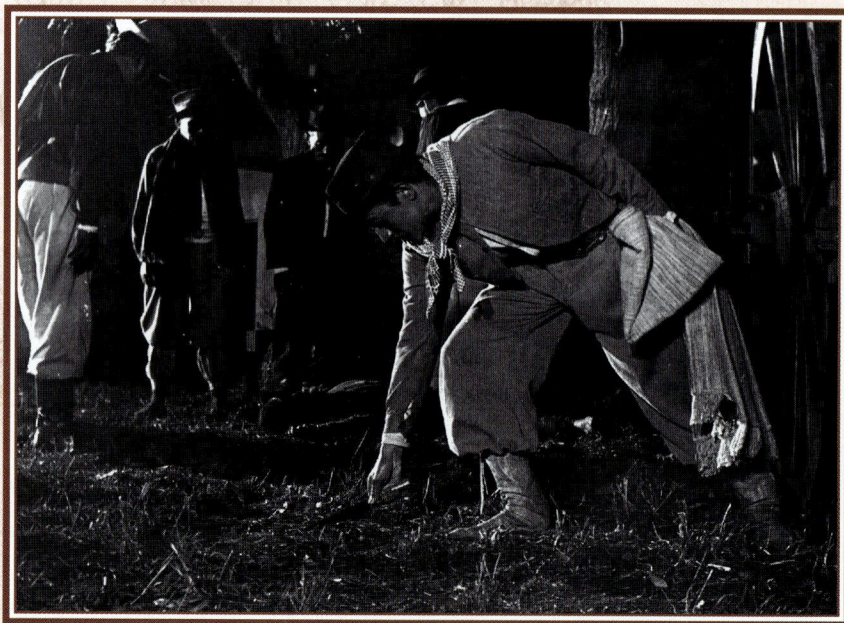

"Y frente a la pulpería
sobre el tris de la pelea
un gaucho rubio se enfría..."

Escena de un duelo criollo en la película *Don Segundo Sombra*, de Manuel Antín.

Margarita Gauthier

1935

Hoy te evoco emocionado, mi divina Margarita.
Hoy te añoro en mis recuerdos, ¡oh, mi dulce inspiración!
Soy tu Armando el que te clama, mi sedosa muñequita,
El que llora... el que reza, embargado de emoción.
El idilio que se ha roto me ha robado paz y calma
y la muerte ha profanado la virtud de nuestro amor.
¡Para qué quiero la vida!... si mi alma destrozada
sufre una angustia suprema... vive este cruento dolor.

Hoy, de hinojos en la tumba donde descansa tu cuerpo,
he brindado el homenaje que tu alma suspiró;
he llevado el ramillete de camelias ya marchitas,
que aquel día me ofreciste como emblema de tu amor,
al ponerlas junto al lecho donde dormías tranquila,
una lágrima muy tierna de mis ojos descendió
y rezando por tu alma, mi divina Margarita,
un sollozo entrecortado en mi pecho se anidó.

Nunca olvido aquella noche que besándome en la boca
una camelia muy frágil, de tu pecho se cayó.
La tomaste tristemente, la besaste como loca,
y entre aquellos pobres pétalos una mancha apareció.
¡Era sangre que vertías! ¡Oh mi pobre Margarita!
Eran signos de agonía... eran huellas de tu mal...
Y te fuiste lentamente vida mía, muñequita,
pues la Parca te llamaba con su sorna tan fatal.

*Letra de Julio Jorge Nelson (Isaac Russofsky) y música de
Joaquín Mauricio Mora.
Lo estrenó Alberto Gómez, quien lo grabó el 21 de febrero de 1935.*

*"Hoy te evoco emocionado, mi divina Margarita.
Hoy te añoro en mis recuerdos, ¡oh, mi dulce inspiración!..."*

Ilustración de la época.

Cambalache

1935

Que el mundo fue y será una porquería
ya lo sé;
en el quinientos seis
y en el dos mil también;
que siempre ha habido chorros,
maquiavelos y estafaos,
contentos y amargaos,
valores y dublés...
Pero que el siglo veinte
es un despliegue de maldá insolente
ya no hay quien lo niegue.
Vivimos revolcaos en un merengue
y en un mismo lodo todos manoseaos.

Hoy resulta que es lo mismo
ser derecho que traidor,
ignorante, sabio, chorro,
generoso, estafador.
Todo es igual... Nada es mejor...
Lo mismo un burro
que un gran profesor.
No hay aplazaos
ni escalafón...
Los inmorales nos han igualao...
Si uno vive en la impostura
y otro roba en su ambición
da lo mismo que si es cura,
colchonero, rey de bastos,
caradura o polizón...

¡Qué falta de respeto! ¡Qué atropello
a la razón!
¡Cualquiera es un señor!
¡Cualquiera es un ladrón!
Mezclaos con Stavisky
van Don Bosco y la Mignon,
Don Chicho y Napoleón,
Carnera y San Martín,
igual que en la vidriera irrespetuosa
de los cambalaches
se ha mezclao la vida
y, herida por un sable sin remache
ves llorar la Biblia contra un calefón.

Siglo veinte, cambalache
problemático y febril...
¡El que no llora no mama
y el que no afana es un gil!...
¡Dale no más! ¡Dale que va!
¡Que allá en el horno nos vamo'a encontrar!
No pienses más,
sentate a un lao,
que a nadie importa si naciste honrao.
Es lo mismo el que labura
noche y día como un buey
que el que vive de los otros,
que el que mata, que el cura
o está fuera de la ley.

Letra y música de Enrique Santos Discépolo.
Es considerado el epítome, o algo así, de la supuesta
filosofía discepoliana. Fue preestrenado en el teatro
"Maipo" por Sofía Bozán y estrenado por la
orquesta de Francisco Canaro y su cantor Ernesto
Famá en el filme Alma de bandoneón (*Argentina*
Sono Film, 1935).

Noe, Luis Felipe (contemporáneo).
Introducción a la esperanza.

Es muy probable que haya existido una relación de causa a efecto entre la crisis del la década del 30 y el aumento de las actividades criminales. No puede ser casual la aparición, entonces, de bandas de delincuentes como las de "Chicho Grande" y "Chicho Chico", con epicentro en Rosario, ni los secuestros extorsivos, como el del joven Abel Ayerza, con trágico final. Estas bandas delictivas se organizaron al estilo de la *mafia*: tenían sus códigos, sus *capos*, sus leyes de silencio y hasta su *diva*, Ágata Galiffi. La actuación de estas bandas hicieron rebautizar a Rosario con el sobrenombre de "la Chicago argentina", que antes se lo había ganado por el rápido crecimiento de su industria frigorífica.

En Buenos Aires y suburbios (Avellaneda por ejemplo), delincuencia y política se mezclaron. Algunos dirigentes como Alberto Barceló eran acusados de proteger el juego clandestino, la prostitución y ciertas formas de extorsión a industrias locales, so pretexto de "protección". Un personaje típico de este accionar fue "Ruggerito" —Juan Nicolás Ruggero—, pistolero tan capaz de balear bandas rivales, como de manipular elecciones. Lo mataron en 1933; su cuerpo fue velado en

un local del Partido Demócrata y el ataúd envuelto con la bandera argentina...

También hubo bandidaje rural. En La Pampa apareció la figura del legendario Juan Bautista Bairoletto, con imagen de bandolero romántico, tipo Robin Hood: asesino del policía que lo había agraviado, fuera de la ley, asaltante de ricos, generoso con los pobres, ubicuo, valiente. La imaginería no alcanza sin embargo, a ocultar la verdad histórica de Bairoletto: un asaltante convertido en mito popular, recordado aún hoy en La Pampa, sur de Córdoba, San Luis y Mendoza.

La visión de estos hechos contradictorios marcó un recuerdo traumático en la memoria de la mayoría de la población.

Las letras de los tangos de Discépolo, son un testimonio de aquella atmósfera de descreimiento, desazón, inseguridad y escasez de la década del 30:

Pero es en la letra de *Cambalache* donde Discépolo deslumbra haciendo prestidigitación con las metáforas, donde intenta provocar una conmoción emotiva y también donde aparecen nítidos su pesimismo y su desesperanza.

Monte criollo

1935

Cuarenta cartones pintados
con palos de ensueño, de engaño y amor.
La vida es un mazo marcado.
Baraja los naipes la mano de Dios.
Las malas que embosca la dicha
se dieron en juego tras cada ilusión
y así fue robándome fichas
la carta negada de tu corazón.

¡Hagan juego!
Monte criollo que en su emboque
tu ternura palpité.
¡Hagan juego!
Me mandé mi resto en cope
y después de los tres toques
con tu olvido me topé.

Perdí los primeros convites
parando en carpetas de suerte y verdad.
Y luego, buscando desquite,
cien contras seguidas me dio tu maldad.
Me ofrece la espada su filo.
Rencores del basto te quieren vengar...
Hoy juego mi trampa tranquilo
y entre oros y copas te habré de olvidar.

Letra de Homero Manzi, música de Francisco Pracánico. Fue estrenado por Azucena Maizani en la película Monte criollo *(Argentina Sono Film, 1935).*

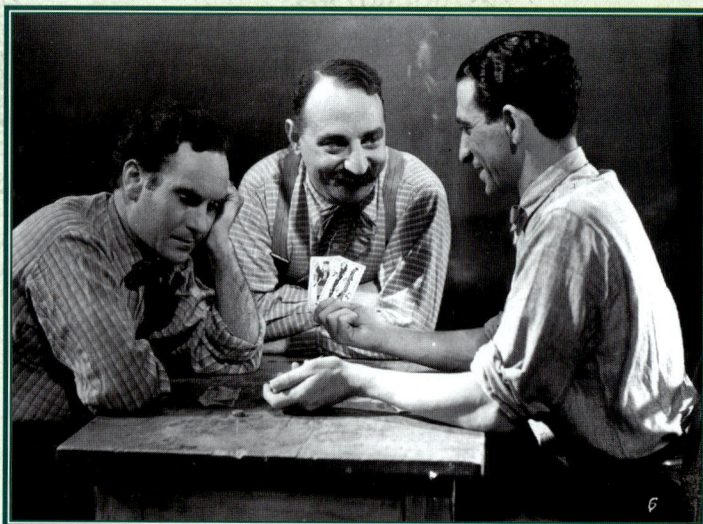

Escena de la película *Monte criollo* con Florindo Ferrario, Marcelo Ruggero y Francisco Petrone.

Escena de la película *Monte criollo* en la que aparece Azucena Maizani interpretando el tango del mismo nombre. (Argentina Sono Film, 1935, Museo del Cine)

Muchacho del cafetín

Muchacho del cafetín
adornao con pilchas pobres,
feliz con la fortuna
de no tener un cobre.

La pena de mi querer
tan sólo zumba un agravio
cuando el silbar de los labios
pita el pucho del milongón.

Sol de mi suburbio
que con dolor se ocultó
tras el sueño turbio
que su querer me mintió.
Canto del desengaño
volcó en mis años
el mal de tu traición.
Mal de un viento brujo
qu'en mi arrabal sopló.

La vida me hizo rodar
en busca de la esperanza
y en vez de tu ternura
topé con tu venganza.

Y hoy tan sólo mi ilusión
es el humo de un resabio,
cuando el silbar de los labios
pita el pucho del corazón.

Letra de Homero Manzi,
música de Francisco Pracánico.
Cantado por Florindo Ferrario
en el filme Monte criollo
(Argentina Sono Film, 1935).

En la historia política, literaria y social de Buenos Aires, ya desde la época colonial, aparecen algunos establecimientos en donde se realizaron tertulias de significación, herencia de la larga tradición europea de dialogar frente a una copa o un pocillo de café. El *Café de Marco*, en la esquina de las actuales calles Bolívar y Alsina, fue algo así como un club de la juventud revolucionaria de la época de las invasiones inglesas y en especial, después de la revolución de Mayo.

Sin duda podemos hacer una larga lista de estos establecimientos: el *Café de la Victoria*, el *Café de la Comedia*, el *Café de los Catalanes*, el *Café Garabotto* , (donde "Pacho" Maglio compuso *Qué papelón);* el *Café El Estribo*, (en sus salones se reunían multitudes, tocaron músicos famosos como Firpo y Arolas y donde más de una vez debió actuar la policía para calmar a los que no podían entrar); el *Café Homero,* el *Café Marzotto* y, finalmente, cómo olvidar al viejo *Café Tortoni,* fundado en 1858 cerca de su actual emplazamiento, en avenida de Mayo 829, donde hoy se realizan las reuniones públicas de la Academia Nacional del Tango.

En los principios del siglo XX *el café* se convirtió en una institución barrial, o como diría Raúl Scalabrini Ortiz, en un "fortín de la amistad". Fue el hogar que antecedió al club y que éste no logró desplazar. En él estaban las cartas, los dados, el billar, la música, los amigos. Fue tango e hizo tangos. Y fue el mayor consumidor de las horas de los porteños, el lugar donde más gastaban su tiempo libre.

Pero todo cuanto se pueda agregar sobre *el Café* parecerá inadecuado, después que un poeta y filósofo de Buenos Aires, Enrique Santos Discépolo, sintetizara así su descripción en el tango *Cafetín de Buenos Aires:*

> *...Sos lo único en la vida*
> *que se pareció a mi vieja...*

El *Café Tortoni* en 1915.

El caballo del pueblo

1935

Sólo creo ya en tu amor, mi parejero.
Mi noble pingo alazán tostao,
vos tan sólo para mí fuiste sincero
y mi cariño no has traicionao.
Vos me has hecho estremecer
de orgullo y de placer.
¡Tus tardes de triunfador!...
Pero hoy sólo busco en vos al compañero
y al confidente de mi dolor.

Si en el codo peligroso del querer
rodé tan fiero,
el desquite con tu triunfo ha de tener
mi decepción,
pues no falla, parejero,
tu mirada inteligente
ni tu pinta de ligero
ni la mancha de tu frente
que es tu sello de campeón.

Vos me has dado mi más caras emociones,
ni noble pingo alazán tostao.
Heredero de una raza de campeones
¡Tostao! Muerto antes que derrotao.
Es en vano pretender lealtad en la mujer,
tan falso es su corazón.
Pero en vos puedo cifrar mis ilusiones
pues sé que nunca me harás traición.

Letra de Manuel Romero, música de Alberto Soifer.
Cantado por Juan Carlos Thorry en el filme
El caballo del pueblo (*Lumiton, 1935*).

Corría 1916, Hipólito Yrigoyen llegaba a la Presidencia en medio de una multitud convencida de que habían sido desalojados para siempre los señores del ocio y la fortuna. Continuaba la declinación política de los grupos tradicionales, la llamada oligarquía y se producía el ascenso de la clase media.

Era tal la sensación de euforia por el poder de los recién llegados, "los advenedizos", como los motejaban los conservadores, que en el hipódromo de Palermo, la popular "bautizó" a un caballo —Botafogo— con el nombre de "el caballo del pueblo", en una aparente expropiación del reducto máximo de la oligarquía porteña. Botafogo había nacido en el haras "El Moro" el 7 de noviembre de 1914, hijo de Old-man y Korea.

Diego de Alvear, el propietario;
Jesús Bastías, el jockey y Botafogo
el caballo del pueblo, luego del pesaje
en una de sus victorias (1917).

Grey Fox.

Botafogo.

Comprado en 25.000 pesos de entonces por Diego de Alvear, se comprobó en el animal una falla nerviosa y se le quiso devolver. No fue posible y como su cuidador, Felipe Vizcay, descubriera en él dotes de ligero, se aceptó prepararlo por lo que pudiera ocurrir.

Debutó ganando el 1° de enero de 1917 y desde entonces el alazán fue venciendo en cuanta competición intervenía. Su velocidad era tanta y su fama de invencible tan sólida, que a veces se dio el curioso fenómeno de hacerlo correr solo, ante la defección de sus rivales.

Sin embargo, el 3 de noviembre de 1918, el tordillo Grey Fox —cuyo propietario era Saturnino Unzué—, lo derrotó en el Gran Premio Carlos Pellegrini, ante la sorpresa del público y de los profesionales, que no alcanzaron a explicarse lo ocurrido.

La presión del público y de la prensa —que exigían un desquite— hizo que Diego de Alvear le pidiera a Saturnino Unzué un match revancha. El ambiente del turf en Buenos Aires contagió su entusiasmo y sus expectativas a todo el país. Presidía el Jockey Club, Miguel Alfredo Martínez de Hoz, siendo secretario de la comisión de carreras Miguel A. Juárez Celman.

Después de mucho cabildeo se llegó a un acuerdo: la revancha debía correrse en el hipódromo de Palermo el 17 de noviembre de 1918, a las 15 hs.

Por primera y única vez el circo palermitano abriría sus puertas para que se disputara una sola carrera. Unzué y Alvear apostaron diez mil pesos cada uno, que finalmente repartieron entre instituciones benéficas.

El día de la carrera, a las diez de la mañana, ya estaban completas las tribunas del hipódromo; a las once se clausuraron las puertas: no cabía nadie; al mediodía una multitud se reunía a lo largo del terraplén del Ferrocarril Central Argentino, que bordeaba el circo palermitano y que ese día se vio obligado a demorar y suspender la salida de trenes ante el riesgo de accidentes; a las cuatro de la tarde no había árbol o poste telefónico en las inmediaciones que no estuvieran abarrotados de gente deseosa de ver la partida.

A las cuatro y media se largó la carrera del siglo: Botafogo la ganó de punta a punta, cruzando el disco de llegada con más de cien metros de diferencia sobre el atribulado Grey Fox.

El frenesí de los porteños fue indescriptible: la ciudad había vivido el más crepitante acontecimiento turfístico de su historia. Diego de Alvear resolvió que su caballo no corriera más y aceptó, tiempo después, el ofrecimiento de cuarenta mil libras esterlinas que hizo Miguel Alfredo Martínez de Hoz.

Botafogo viajó a Mar del Plata, al haras "Chapadmalal", donde murió el 18 de abril de 1922, dejando sólo tres producciones, sin que ninguno de sus hijos se destacara.

Con el título *El caballo del pueblo*, el sello Lumiton produjo en 1935 una película con argumento de Manuel Romero y música de Alberto Soifer —los mismos que compusieron el tango homónimo— y la interpretación de Olinda Bozán, Pedro Quartucci, Irma Córdoba, Enrique Serrano y Juan Carlos Thorry.

Impresionante final del famoso match entre Botafogo y Grey Fox.

La ribera

1936

Riachuelo en sombras bañao
parece pintao
por Quinquela Martín...
Tan sólo brilla en la ribera
la luz del viejo cafetín.
Allí, mezclao con dolor,
el mísero amor
también tiene su festín,
amor de pobre milonguera,
amor de taita malandrín.

Ribera criolla donde sin recato
se tira la chancleta un rato.
Allí las frases del amor barato
componen torpe madrigal.
Y entre las copas de cristal que choca
y el beso que al amor provoca,
las notas de una risa loca
en una boca extingue algún puñal.

Riachuelo en sombras bañao,
parece pintao
por Quinquela Martín.
El agua besa chiquetera
la quilla al viejo bergantín.
En vos encuentra el cantor
motivo y color
si es que sabe cantar
el bravo amor de la ribera,
amor que mata por matar.

*Letra de Manuel Romero y música
de Alberto Soifer.
Lo cantó Alberto Vila en el filme*
Radio Bar, *dirigido por el mismo
Romero en el año 1936.*

El barrio de La Boca, tradicional asiento de inmigrantes genoveses, sufrió una profunda transformación hacia fines del siglo pasado, pues su puerto fue desplazado en importancia por las nuevas construcciones portuarias encaradas por Eduardo Madero.

Las cantinas y cafetines de La Boca eran frecuentadas por los marinos que de todo el mundo llegaban a Buenos Aires y se mezclaban con troperos, peones, carreros, cuarteadores y, por suspuesto, también con cafishios, prostitutas, borrachos, guitarreros y cantores.

Así, entre honrados trabajadores y gente de *la mala vida* se fue delineando una sociedad que abrigó en su seno a la percanta, el compadrito, la yira, el malevo, la milonguita y el ciruja, como síntesis de una sociedad marginal, indisolublemente unida al núcleo de la gran ciudad en gestación.

*"Riachuelo en sombras bañao
parece pintao
por Quinquela Martín...
Tan sólo brilla en la ribera
la luz del viejo cafetín."*

Quinquela Martín, Benito (1890-1977).
Noche de luna.

Desde los tiempos de Rivadavia los porteños soñaban con un puerto, pues el método utilizado para desembarcar constituía un desprestigio y era comentado con sorpresa por los extranjeros que nos visitaban.
Foto: desembarco en Buenos Aires.

Solari, Gustavo (contemporáneo).
El arribo.

En las sombras

1936

Solo y feliz
sin un amor
así viví
hasta que vos
viniste a mí.
Fue aquella noche que llegaste hasta mi pieza
hecha un lamento pa' buscar mi protección.
Y te ofrecí
fiel y cordial,
en mi bulín,
calor de hogar,
pa' tu dolor.
Y hoy, justo al año de esa noche que llegaste,
me abandonaste sin decirme la razón.

No sufro por tu abandono
ni guardo siquiera encono:
lo que has hecho vos sabrás...
No es rara mi indiferencia;
más rara es tu inconsecuencia,
y no te puedo culpar.
Por tu voluntad viniste;
por tu voluntad te fuiste,
¿qué te podré reprochar?...
El sol todas las mañanas,
también llega a mi ventana,
y como viene se va...

No puedo más
sin confesar
que era feliz
y mucho más
con vos lo fui.
Hago el balance de ese tiempo que estuviste
y queda un saldo que jamás podré pagar.
Vida sin luz
a solas fue,
y tu querer
rayo de sol
que me alumbró.
De nuevo en sombras me he quedado y la nostalgia
de haber gustado de tu amor la claridad.

Letra de Manuel A. Meaños y música de Joaquín Mauricio Mora.
Debe citarse la grabación que hizo de este tango Roberto Maida, con la orquesta de Francisco Canaro, el 25 de octubre de 1936.

"Por tu voluntad viniste;
por tu voluntad te fuiste,
¿qué te podré reprochar?...
El sol todas las mañanas,
también llega a mi ventana,
y como viene se va..."

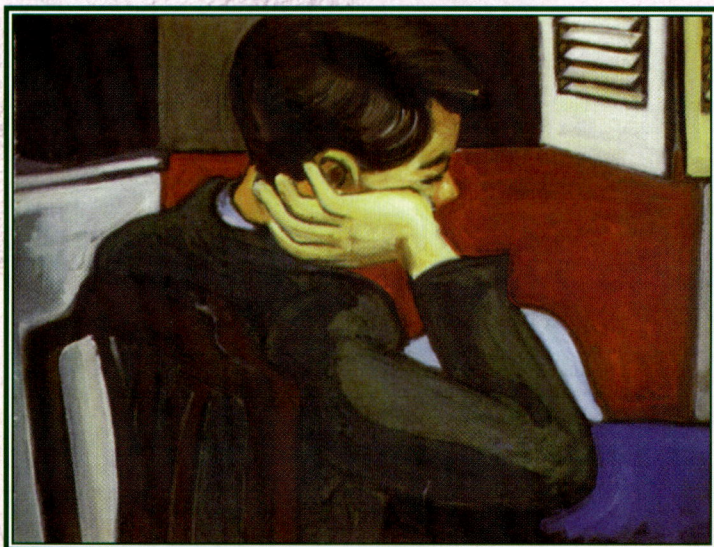

Maccio, Rómulo (contemporáneo).
Meditando.

Que nadie se entere

1936

Vagando a la ventura, buscando en lontananza
la fe de aquellos ojos que iluminó mi ser
deshecho por el sino, muriendo la esperanza,
llegué hasta la barriada que vio mi amor nacer.
La misma calma quieta de aquellas noches bellas
hallé para castigo de la recordación.
Tan sólo está en silencio la ventanita aquella
donde con versos locos ritmaba mi ilusión.

Que nadie se entere
que he vuelto a buscarla
golpeando la fiebre
de mi soledad.
Que nadie le diga
que he vuelto a llamarla
y al ver que no estaba
me puse a llorar.

Que nadie se entere
que loco he golpeado
la reja querida
que me oyó cantar.
Y a nadie le digas
ventanita amiga
que has visto en mis ojos
la pena sangrar.

Tan sólo si ella vuelve sin fe y sin esperanza
y ves que nuevamente espera al trovador,
entonces, ventanita, contale mis andanzas,
decile que no ha muerto en mi querer su amor.
Pero si en su mirada hay luz de otros quereres
y ves que no se acuerda del pájaro cantor,
callate, ventanita, no quiero que se entere
que he vuelto hasta su reja mordiendo mi dolor.

Letra y música del cantor Alberto Gómez,
quien lo grabó el 18 de noviembre de 1936.

"...deshecho por el sino, muriendo la esperanza,
llegué hasta la barriada que vio mi amor nacer."

Pacenza, Onofrio (1904-1971).
Mi barrio.

El adiós

1937

En la tarde que en sombras se moría,
buenamente nos dimos el adiós;
mi tristeza profunda no veías
y al marcharte sonreíamos los dos.
Y la desolación, mirándote partir
quebraba de emoción mi pobre voz...
El sueño más feliz moría en el adiós,
y el cielo para mí se oscureció.
En vano el alma
con voz velada
volcó en la noche la pena...
Sólo un silencio
profundo y grave
lloraba en mi corazón.

Sobre el tiempo transcurrido
vives siempre en mí,
y estos campos que nos vieron
juntos sonreír,
me preguntan si el olvido
me curó de ti.
Y entre los vientos
se van mis quejas
muriendo en ecos,
buscándote...
mientras que, lejos,
otros brazos y otros besos
te aprisionan y me dicen
que ya nunca has de volver.

Cuando vuelva a lucir la primavera,
y los campos se pinten de color,
otra vez el dolor y los recuerdos
de nostalgias llenarán mi corazón.
Las aves poblarán de trinos el lugar
y el cielo volcará su claridad...
Pero mi corazón en sombras vivirá,
y el ala del dolor te llamará.
En vano el alma
dirá a la luna
con voz velada la pena
y habrá un silencio
profundo y grave
llorando en mi corazón.

Letra de Virgilio San Clemente sobre una música previa de Maruja Pacheco Huergo.
Lo difundió Ignacio Corsini, quien lo grabó el 3 de febrero de 1938.

"Cuando vuelva a lucir la primavera, y los campos se pinten de color,..."

Abril, Beatriz (contemporánea).
Paciendo al amanecer (detalle).

*"...otra vez el dolor y los recuerdos
de nostalgias llenarán mi corazón."*

Spilimbergo, Lino Enea (1896-1963).
Figura.

Esta noche

1937

Esta noche,
mejor dicho cuando llegue medianoche,
mis amigos,
yo festejo la tristeza de mi alma.
Brindaremos
por la dueña de los ojos más hermosos,
por mi vida... por mis sueños...
porque quiero ahogar los sueños de mi vida sin
amor.

Yo no quiero recordarla.
¿Para qué voy a llorarla
si ya todo lo he perdido?
Esto digo muchas veces
pero entonces se aparece
frente a mí, como un castigo
y me mira desde el fondo de una sombra
y me vence... porque el alma me la nombra.
¿Cómo quieren, mis amigos,
que la arranque de mi vida
si no la puedo olvidar?

Muchos años
a su lado yo viví para quererla
y bastaron
unas horas nada más para perderla.
Ya no tengo
ni una lágrima de amor... y son testigos
que esta noche, mis amigos,
vengo a ahogar en unas copas a mi vida sin amor.

*La música de Carlos Marcucci es anterior a la letra
de Lito Bayardo.
Fue grabado por la orquesta de Julio De Caro,
con la voz de Héctor Farrell, el 7 de octubre de 1939.
Hacia 1937 la había difundido Azucena Maizani.*

Ilustración de la época.

*"Ya no tengo
ni una lágrima de amor... y son testigos
que esta noche, mis amigos,
vengo a ahogar en unas copas a mi vida sin amor."*

Las cuarenta

1937

Con el pucho de la vida apretado entre los labios,
la mirada turbia y fría, un poco lerdo el andar,
dobló la esquina del barrio y, curda ya de recuerdos,
como volcando un veneno esto se le oyó acusar.

"Vieja calle de mi barrio donde he dado el primer paso,
vuelvo a vos, gastado el mazo en inútil barajar,
con una llaga en el pecho, con mi sueño hecho pedazos,
que se rompió en un abrazo que me diera la verdad.

Aprendí todo lo malo, aprendí todo lo bueno,
sé del beso que se compra, sé del beso que se da;
del amigo que es amigo siempre y cuando le convenga,
y sé que con mucha plata uno vale mucho más.

Aprendí que en esta vida hay que llorar si otros lloran
y, si la murga se ríe, hay que saberse reír;
no pensar ni equivocado... ¡Para qué... si igual se vive!
¡Y además corrés el riesgo de que te bauticen gil!...

La vez que quise ser bueno en la cara se me rieron;
cuando grité una injusticia, la fuerza me hizo callar;
la experiencia fue mi amante; el desengaño, mi amigo...
¡Toda carta tiene contra y toda contra se da!...

Hoy no creo ni en mí mismo... Todo es grupo, todo es falso,
y aquél, el que está más alto, es igual a los demás...
Por eso, no has de extrañarte si, alguna noche, borracho,
me vieras pasar del brazo con quien no debo pasar."

Letra de Francisco Froilán Gorrindo y
música de Roberto Grela.
Ha de haberlo estrenado Fernando Díaz,
cuando Roberto Grela lo
acompañaba con su guitarra, luego famosísima.
De todos modos, lo lanzó a la popularidad
Azucena Maizani, cuando lo cantó en el teatro
"Nacional" y enseguida lo grabó, en 1937.
De ese mismo año es la grabación de Francisco
Canaro y su cantor Roberto Maida.

El compositor Roberto Grela se destacó por su maestría en la ejecución de la guitarra. Era su característica tocarla con púa de carey, dándole a su bordoneo un tono muy personal, sugerente, profundo, al punteo un sonido preciso y claro y a su mano izquierda una también precisa digitación.

Acompañó a grandes cantores como Charlo y Roberto Maida, pero fueron sus actuaciones junto a Aníbal Troilo primero y con Leopoldo Federico después, las que lo lanzaron definitivamente al estrellato del tango. Actuó en todos los medios de difusión.

Entre sus grabaciones se pueden destacar: con Troilo *Nunca tuvo novio*, de Bardi; *Mi refugio*, de Cobián; *Taconeando*, de Maffia; *Palomita blanca*, de Aieta; con Leopoldo Federico, *Amigazo*, de Juan de Dios Filiberto; *Amurado*, de De Grandis y el inigualable *Tinta roja*, de Sebastián Piana. Fallecido en 1992, es parte de la historia grande del tango.

Niebla del Riachuelo

1937

Turbio fondeadero donde van a recalar
barcos que en el muelle para siempre han de quedar;
sombras que se alargan en la noche del dolor;
náufragos del mundo que han perdido el corazón;
puentes y cordajes donde el viento viene a aullar;
barcos carboneros que jamás han de zarpar;
torvo cementerio de las naves que, al morir,
sueñan, sin embargo, que hacia el mar han de partir.

Niebla del Riachuelo,
amarrado al recuerdo
yo sigo esperando;
niebla del Riachuelo,
de ese amor, para siempre,
me vas alejando...
Nunca más volvió;
nunca más la vi;
nunca más su voz nombró mi nombre junto a mí...
... esa misma voz que dijo "¡Adiós!".

Sueña, marinero, con tu viejo bergantín;
bebe tus nostalgias en el sordo cafetín...
Llueve sobre el puerto, mientras tanto, mi canción;
llueve lentamente sobre tu desolación...
Anclas que ya nunca, nunca más, han de levar;
bordas de lanchones sin amarras que soltar;
triste caravana sin destino ni ilusión,
como un barco preso en la botella del figón...

Letra de Enrique Cadícamo, música
de Juan Carlos Cobián.
Fue cantado por Tita Merello en la
película La fuga, *dirigida por Luis*
Saslavsky en 1937.

"Turbio fondeadero donde van a recalar
barcos que en el muelle para siempre han de quedar;.."

Vaz, Oscar Antonio (1909-1987).
Soledad.

Cuando el corazón

1938

Una estrella que cayó del firmamento,
hecha carne por milagro de la vida
en momentos en que mi alma estaba herida,
con sus luces mi destino iluminó.
Hoy no siento ya el dolor de mis heridas.
Todo es alegría, un canto de amor.

Cuando el corazón,
cuando el corazón nos habla de un amor,
revive la fe, florece la ilusión.
Cuando el corazón recuerda a una mujer
la vida es gozar y el vivir querer.
Cuando el corazón palpita con ardor,
todo es risa y luz, en todo hay emoción,
canto a la esperanza, fe en el porvenir;
amar a una mujer eso es vivir.

Cascabeles de cristal hay en tu risa
y caricia es el calor de tu mirada.
En tu boca de coral está engarzada
de un beso la ternura angelical.
Una estrella que cayó del firmamento
inspiró mi verso con su titilar.

*Versos de Carmelo Santiago y música de
Francisco Canaro.
Fue estrenado por la orquesta de Francisco Canaro,
con su cantor Roberto Maida, en el filme
Dos amigos y un amor (1938).*

*"Cuando el corazón recuerda a una mujer
la vida es gozar y el vivir querer."*

Centurión, Emilio (1894-1970).
Agnes.

El vino triste

1939

Dicen los amigos que mi vino es triste,
que no tengo aguante ya para el licor,
que soy un maleta que ya no resiste
de la caña brava ni el macho sabor.
Y es que ya se ha muerto todo lo que existe
y entre copas quiero matar mi rencor...
Siempre estoy borracho desde que te fuiste,
siempre estoy borracho... pero es de dolor.

Amigos,
a todos pido perdón
si amargado y tristón
lagrimeando me ven...
Quiero domar mi emoción
pero aflojo también
como todo varón.
Amigos,
cuando se tiene un pesar
dentro del corazón
no se puede evitar
que el vino se vuelva pesado y llorón
como el triste aletear
de mi canción.

Dicen los amigos que no soy el mismo,
que hoy en cuanto bebo me da por no hablar,
por arrinconarme con mi pesimismo
y que hace ya tiempo no me oyen cantar...
Y no saben ellos que no es la bebida
sino que me faltan el aire y la luz,
que en el alma llevó sangrando una herida
y voy por la vida cargando mi cruz...

Letra de Manuel Romero, música de
Juan D'Arienzo.
Cantado por Hugo del Carril en el
filme Gente bien *(EFA, 1939).*

"Dicen los amigos que no soy el mismo,
que hoy en cuanto bebo me da por no hablar,
por arrinconarme con mi pesimismo
y que hace ya tiempo no me oyen cantar..."

Alonso, Carlos (contemporáneo).
Retrato de L.E.S.

Corazón

1939

Corazón, me estás mintiendo...
Corazón, ¿por qué llorás?
No me ves que voy muriendo
de esta pena a tu compás.
Si sabés que ya no es mía,
que a otros brazos se entregó,
no desmayes todavía,
sé constante como yo.
Dame tu latido
que yo quiero arrancar
esta flor de olvido
que ella ha prendido
sobre mi mal.

Corazón,
no la llames
ni la impolores,
que de tus amores
nunca has merecido
tanta humillación.
Creo en Dios
y la vida
con sus vueltas.
Sé que de rodillas
la traerá a mis puertas
a pedir perdón.

Ya verás cuando retorne
y en sus pasos traiga fe,
que no es loca mi esperanza,
que no en vano la lloré.
Yo tendré en mi boca un beso
para su desolación
y mis manos las caricias
que le entreguen el perdón.
Pero si no viene
¡yo no quiero vivir!
Y en mi triste noche
sin un reproche
sabré morir...

Letra de Héctor Marcó y música de Carlos Di Sarli.
Este lo grabó con su orquesta y la voz de Roberto Rufino
el 11 de diciembre de 1939.

"Pero si no viene
¡yo no quiero vivir!
Y en mi triste noche
sin un reproche
sabré morir..."

Donnini, Armando (1939-1983).
Martín con retrato de Alejandra.

Lunes

1939

Un catedrático escarba su bolsillo
a ver si el níquel le alcanza pa un completo...
Ayer -¡qué dulce!-, la fija del potrillo;
hoy -¡qué vinagre!-, rompiendo los boletos...
El almanaque nos bate que es lunes,
que se ha acabado la vida bacana,
que viene al humo una nueva semana
con su mistongo programa escorchador...

Rumbeando pa'l taller
va Josefina,
que en la milonga, ayer,
la iba de fina.
La reina del salón
ayer se oyó llamar...
Del trono se bajó
pa'ir a trabajar...
El lungo Pantaleón
ata la chata,
de traje fulerón
y en alpargata...
Ayer en el Paddock
jugaba diez y diez...
Hoy va a cargar carbón
al Dique 3.

Piantó el domingo del placer,
bailongo, póker y champán.
Hasta el más seco pudo ser
por diez minutos un bacán.
El triste lunes se asomó,
mi sueño al diablo fue a parar,
la redoblona se cortó
y pa'l laburo hay que rumbear.

Pero ¿qué importa que en este monte criollo
hoy muestre un lunes en puerta el almanaque?
Si en esa carta caímos en el hoyo,
ya ha de venir un domingo que nos saque.
No hay mal, muchachos, que dure cien años
y ligaremos también un bizcocho...
A lo mejor acertamos las ocho
¡y quién te ataja ese día, corazón!

Es el antiguo tango sin canto "Lunes 13", de José Luis Padula.
Francisco García Jiménez lo retituló "Lunes" y le puso letra en el año 1939.

La calle Corrientes nocturna resumía "el domingo del placer".

La calle Lavalle con sus cines aglomeraba a un público sediento de noches de diversión.

El progreso económico y social acaecido despúes de la crisis del 30, permitió a los porteños disponer de un tiempo libre que era aprovechado de las más diversas maneras: el café, los "burros", el *dancing*, el fútbol, el cine y el *cabaret*, que junto a los inocentes *pic-nics* y paseos familiares por Palermo y el zoológico ocupaban el fin de semana de la recién nacida clase media porteña.

Decía Leopoldo Marechal:

"...Desde todos los barrios, apretujada en el interior de cien tranvías orquestales, una multitud gritona y sonriente viaja rumbo a la noche, acariciando los más audaces devaneos. La noche está en la calle Corrientes (...), la calle los espera con sus teatros y cines abiertos, con sus cafés rutilantes, con el vértigo de sus luces y sonidos".

Otros jóvenes se alineaban en la calle Florida, luciendo su único y bien cuidado traje dominguero, camisa almidonada, zapatos muy lustrosos y cabello peinado a la gomina, para ver desfilar y piropear a las bellas mujeres porteñas.

Pero todos ellos invariablemente debían retomar el lunes, la prosaica tarea de ganar el "puchero diario y muchos con la esperanza de que el próximo domingo una fija jugada a las patas de un tungo roncador 'lo salve para siempre'..."

"El triste lunes se asomó,
mi sueño al diablo fue a parar,..."

Alio, Jorge (contemporáneo).
· Lunes.

1942.
Bailes populares.

Mano blanca

1939

¿Dónde vas, carrerito del este,
castigando tu yunta de ruanos
y mostrando en la chata celeste
las dos iniciales pintadas a mano?

Reluciendo la estrella de bronce
claveteada en la suela de cuero,
¿dónde vas, carrerito del Once,
cruzando ligero las calles del sur?

¡Porteñito! ¡Manoblanca!
¡Vamos! ¡Fuerza, que viene barranca!
¡Manoblanca! ¡Porteñito!
Fuerza, ¡vamos! que falta un poquito.

Bueno... Bueno... Ya salimos...
Ahora sigan parejo otra vez,
que esta noche me esperan sus ojos
en la avenida Centenera y Tabaré.

¿Dónde vas, carrerito porteño,
con tu chata flamante y coqueta,
con los ojos cerrados de sueño
y un gajo de ruda detrás de la oreja?

El orgullo de ser bienquerido
se adivina en tu estrella de bronce,
carrerito del barrio del Once
que vienes trotando para el corralón...

Bueno... Bueno... Ya salimos...
Ahora sigan parejo otra vez,
mientras sueño en los ojos aquellos
de la avenida Centenera y Tabaré.

*Letra de Homero Manzi y música de
Antonio De Bassi.
Hay dos logradísimas versiones
fonográficas: la de Alberto Castillo (1943)
y la de Angel Vargas (1944).*

La calle Piedad —hoy Bartolomé Mitre—, en 1909. Pueden observarse carros y coches en desorden y la indiferencia de los conductores hacia cualquier norma de tránsito.

Colectivo fileteado.

Hasta su reemplazo por el tansporte automotor y ferroviario, ya muy entrado el siglo XX, los carros y carretas, fueron los encargados del transporte de mercaderías e insumos tanto dentro de la ciudad como a largas distancias.

Infinidad de modelos y tipos de carros y carretas conducidas habitualmente por la mano experta de un criollo orgulloso de su oficio, solían mostrar adornos y pinturas que los identificaban con su lugar de procedencia o simplemente adornaban y embellecían al vehículo para vanidad de su dueño.

Esta costumbre incentivada por los inmigrantes, especialmente los italianos, derivó en un arte llamado "fileteo", que con el correr del tiempo y la mano de verdaderos artistas se trasladaría hasta nuestros días en las carrocerías de camiones y colectivos.

La tendencia decorativa de principios de siglo marcaría una estética muy particular en esta expresión artística popular, que recién hoy es valorada en su verdadera dimensión.

También el caballo y la calidad de sus aperos eran motivo de floreo por parte del carrero.

Diversos carruajes, como los de las fotos, fueron utilizados para transportar mercaderías, pasajeros y enfermos, como apreciamos en la "ambulancia" detenida en la estación ferroviaria, junto a una chata carguera.

Claudinette

1940

Ausencia de tus manos en mis manos,
distancia de tu voz que ya no está...
Mi buena Claudinette de un sueño vano,
perdida ya de mí, ¿dónde andarás?

La calle dio el encuentro insospechado,
la calle fue después quien te llevó...
Tus grandes ojos negros, afiebrados,
llenaron de tiniebla mi pobre corazón.

Medianoche parisina
en aquel café-concert,
como envuelta en la neblina
de una lluvia gris y fina
te vi desaparecer.

Me dejaste con la pena
de saber que te perdí,
mocosita dulce y buena
que me diste la condena
de no ser jamás feliz.

Mi sueño es un fracaso que te nombra
y espera tu presencia, corazón,
por el camino de una cita en sombra
en un país de luna y de farol.

Mi Claudinette pequeña y tan querida,
de blusa azul y la canción feliz,
definitivamente ya perdida,
me la negó la calle, la calle de París.

*Versos escritos por Julián Centeya en 1940 a pedido
de Enrique Delfino, quien les puso música.
Ha quedado una bella versión de Mercedes Simone
registrada el 18 de junio de 1942.*

Ilustración de la época.

"Mi Claudinette pequeña y tan querida,
de blusa azul y la canción feliz,
definitivamente ya perdida,
me la negó la calle, la calle de París."

Roux, Guillermo (contemporáneo).
Sillón azul.

Como dos extraños

1940

Me acobardó la soledad
y el miedo enorme de morir lejos de ti...
¡Qué ganas tuve de llorar
sintiendo junto a mí
la burla de la realidad!
Y el corazón me suplicó
que te buscara y que le diera tu querer...
Me lo pedía el corazón
y entonces te busqué
creyéndote mi salvación...

Y ahora que estoy frente a ti
parecemos, ya ves, dos extraños...
Lección que por fin aprendí:
¿cómo cambian las cosas los años!
Angustia de saber muertas ya
la ilusión y la fe...
Perdón si me ves lagrimear...
¡Los recuerdos me han hecho mal!

Palideció la luz del sol
al escucharte fríamente conversar...
Fue tan distinto nuestro amor
y duele comprobar
que todo, todo terminó.
¡Qué gran error volverte a ver
para llevarme destrozado el corazón!
Son mil fantasmas, al volver
burlándose de mí,
las horas de ese muerto ayer...

*Letra de José María Contursi y música de
Pedro Laurenz, grabado por la orquesta del
autor de la música, con su cantor Juan
Carlos Casas, el 28 de junio de 1940.*

Pedro Laurenz (Pedro Blanco,1902-1972), bandoneonista nacido en Buenos Aires, está situado entre los grandes ejecutantes de bandoneón como Maffia, Troilo y Piazzolla.

Debutó en Montevideo junto a Eduardo Arolas, y luego ingresó al sexteto de Julio De Caro en 1925, para completar el dúo de bandoneones con Pedro Maffia.

Al desvincularse este último del grupo, quedó como primer bandoneón del sexteto, con Armando Blasco de segundo fueye. En 1934 formó su propia orquesta con la que debutó en *Los 36 Billares*, en la calle Corrientes.

En su conjunto se destacaron entre otros, Osvaldo Pugliese y Alfredo Gobbi.

Fue una orquesta que nunca abandonó su línea interpretativa dentro de la escuela decareana, en la que Laurenz compuso alguno de sus mejores temas: *Mal de amores, Berretín, Sin tacha, Triste atardecer, Mala junta y Orgullo criollo* con Julio de Caro y *Amurado* con Pedro Maffia. Dentro del tango cantado, es autor de *Como dos extraños, Vieja amiga* y *24 de agosto*.

A partir de 1959 integró el Quinteto Real, grupo de solistas insoslayable en la historia del tango.

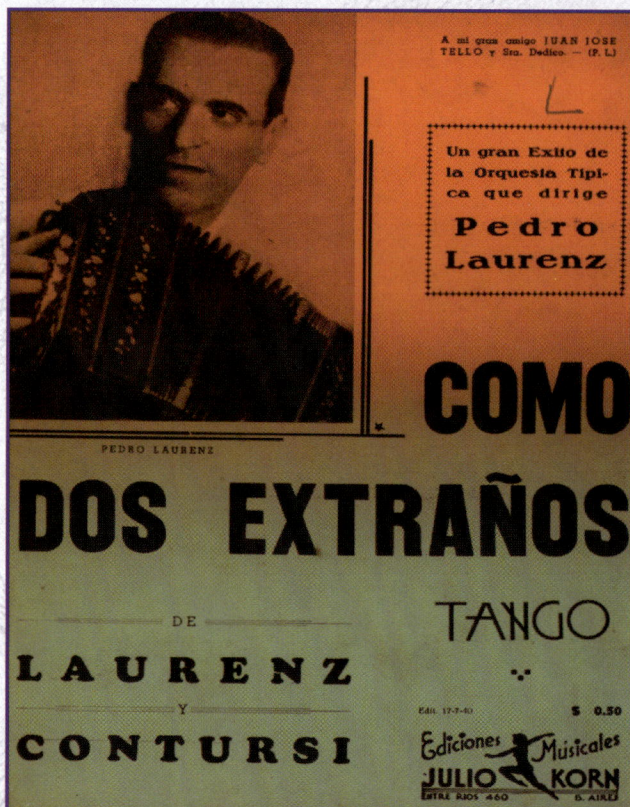

A mi gran amigo JUAN JOSE
TELLO y Sra. Dedico. — (P. L.)

Un gran Exito de
la Orquesta Típi-
ca que dirige
Pedro
Laurenz

PEDRO LAURENZ

COMO
DOS EXTRAÑOS
TANGO
DE
LAURENZ
Y
CONTURSI

Edit. 17-7-40 $ 0.50

Ediciones Musicales
JULIO KORN
ENTRE RIOS 460   B. AIRES

Portada de la partitura del tango
Como dos extraños.

Bien frappé

1941

A ver, mozo, traiga y sirva,
caña fuerte, grappa o whisky
bien *frappé*,
para ahuyentar estas penas
que atoran mis venas
de rabia y de sed,
y si al recuerdo me abrazo,
usted no haga caso,
castíguemelo...
Eche hasta que el vaso lleno
se retobe de veneno
como yo...

Para arrancarme sus males
yo quiero hartarme de alcohol,
que estos amores cobardes
se prenden al alma
y apagan mi sol...
Y si mi mente se agota
de tanto y tanto beber,
siga llenando mi copa
que es honda y es loca
la sed de un querer.

A ver, mozo, traiga y sirva
caña fuerte, grappa o whisky
pa'l dolor,
que el sol de sus veinte años
quemó con su engaño
mi vida y mi amor;
que en su boca mentirosa
pintada de rosa
de hiel me embriagué
y hoy, al ver que se resiste,
busco olvido y quiero whisky
bien *frappé*.

*Letra de Héctor Marcó, música de
Carlos Di Sarli.
La orquesta del autor de la música
lo grabó con Roberto Rufino el
20 de mayo de 1941 y con Mario
Pomar el 31 de agosto de 1945.*

*"Para arrancarme sus males
yo quiero hartarme de alcohol..."*

Ilustración de la época.

Tinta roja

1941

Paredón,
tinta roja en el gris del ayer,
sobre mi callejón
con un borrón pintó la esquina.
Y el botón
que, en lo ancho de la noche,
puso el filo de la ronda como un broche.
Y aquel buzón carmín. Y aquel fondín
donde lloraba el tano
su rubio amor lejano
que mojaba con bon vin.

¿Dónde estará mi arrabal?
¿Quién se robó mi niñez?
¿En qué rincón, luna mía,
volcás, como entonces,
tu clara alegría?
Veredas que yo pisé,
malevos que ya no son,
bajo tu cielo de raso
trasnocha un pedazo
de mi corazón.

Paredón,
tinta roja en el gris del ayer,
borbotón de mi sangre infeliz
que vertí en el malvón
de aquel balcón que la escondía.
Yo no sé si fue negro de mis penas
o fue rojo de tus venas mi alegría...
Porque llegó y se fue tras el carmín
y el gris fondín lejano
donde lloraba el tano
sus nostalgias de bon vin.

*Los versos de Cátulo Castillo fueron compuestos
sobre una música de Sebastián Piana que llevaba
el título "Tinta Roja".
Estrenó este tango la orquesta de Aníbal Troilo
que, con el cantor Francisco Fiorentino, lo grabó
el 23 de octubre de 1941.*

*"Encanto mafioso, dulzura mistonga, ilusión baratieri,
¡qué se yo qué tienen todos estos barrios!; estos barrios porteños, largos, todos cortados con la misma tijera, todos se-
mejantes con sus casitas atorrantas, sus jardines con la
palmera al centro y unos yuyos semiflorecidos que aroman
como si la noche reventara por ellos el apasionamiento que
encierran las almas de la ciudad; almas que sólo saben el
ritmo del tango y del «te quiero». Fulería poética, eso y algo más.*

*Algunos purretes que pelotean en el centro de la calle;
media docena de vagos en la esquina; una vieja cabrera en
una puerta; una menor que soslaya la esquina, donde está
la media docena de vagos; tres propietarios que gambetean
cifras en diálogo estadístico frente al boliche de la esquina;
un piano que larga un vals antiguo; un perro que, atacado
repentinamente de epilepsia, circula, se extermina a taras-
cones una colona de pulgas que tiene junto a las vértebras
de la cola; una pareja en la ventana oscura de una sala: las
hermanas en la puerta y el hermano complementando la
media docena de vagos que turrean en la esquina. Esto es
todo y nada más. Fulería poética, encanto misho, el estudio
de Bach o de Beethoven junto a un tango de Filiberto o de
Mattos Rodríguez.*

*Esto es el barrio porteño, barrio profundamente nues-
tro; barrio de todos, reos o inteligentes llevamos metido en
el tuétano como una brujería de encanto que no muere, que
no morirá jamás".*

Roberto Arlt
Aguafuertes porteñas

*"Paredón
tinta roja en el gris del ayer,
sobre mi callejón
con un borrón pintó la esquina."*

Collivadino, Pío (1869-1945).
Esquina de Buenos Aires.

Barrio de tango

1942

Un pedazo de barrio, allá en Pompeya,
durmiéndose al costado del terraplén;
un farol balanceando en la barrera
y el misterio de adiós que siembra el tren.
Un ladrido de perros a la luna,
el amor escondido en un portón
y los sapos redoblando en la laguna;
a lo lejos, la voz del bandoneón.

Barrio de tango, luna y misterio,
calles lejanas, ¡cómo estarán!
Viejos amigos que hoy ni recuerdo,
¡qué se habrán hecho, dónde estarán!
Barrio de tango, qué fue de aquélla,
Juana, la rubia, que tanto amé.
¡Sabrá que sufro, pensando en ella,
desde la tarde que la dejé!
¡Barrio de tango, luna y misterio,
desde el recuerdo te vuelvo a ver!

Un coro de silbidos, allá en la esquina,
y el codillo llenando el almacén.
Y el dolor de la pálida vecina
que ya nunca salió a mirar el tren.
Así evoco tus noches, barrio tango,
con las chatas entrando al corralón
y la luna chapaleando sobre el fango
y, a lo lejos, la voz del bandoneón.

*Versos de Homero Manzi y música de
Aníbal Troilo.*
*Lo difundió la orquesta de Troilo, con el
cantor Francisco Fiorentino, a través de
la versión que grabaron el 14 de
diciembre de 1942.*

El barrio, ese territorio particular que vive en nosotros rezumando la nostalgia y la alegría de los años en que disputando a la vida, descubríamos el pequeño mundo que nos aseguraba identidad, y que hoy nos hace decir con voz enraizada, "yo soy de aquí".

En este nostalgioso *Barrio de tango*, identificado en Pompeya, el poeta va haciendo realidad aquellos recuerdos y sueños atesorados en los pasillos de la memoria, la forma de los primeros baldíos con casitas aquí y allá, que en este caso nacieron al amparo de un hecho religioso como fue la fundación de la parroquia franciscana de Nuestra Señora de Pompeya y el paso del ferrocarril, que tejió con sus rieles unos suburbios que se desgarraban a los lados del tren, como evoca Borges.

Di Sandro, Juan (1898-1972).
Iglesia de Nuestra Señora de Pompeya.

Los mareados

1942

Rara...
como encendida
te hallé bebiendo
linda y fatal...
Bebías
y en el fragor del champán,
loca, reías por no llorar...
Pena
me dio encontrarte
pues al mirarte
yo vi brillar
tus ojos
con un eléctrico ardor,
tus bellos ojos que tanto adoré...

Esta noche, amiga mía,
el alcohol nos ha embriagado...
¡Qué me importa que se rían
y nos llamen los mareados!...
Cada cual tiene sus penas
y nosotros las tenemos...
Esta noche beberemos
porque ya no volveremos
a vernos más...

Hoy vas a entrar en mi pasado,
en el pasado de mi vida...
Tres cosas lleva mi alma herida:
amor... pesar... dolor...
Hoy vas a entrar en mi pasado
y hoy nuevas sendas tomaremos...
¡Qué grande ha sido nuestro amor!...
Y, sin embargo, ¡ay!,
mirá lo que quedó...

Letra escrita por Enrique Cadícamo para el viejo tango "Los dopados" (1922), con versos de Raúl Doblas y Alberto T. Weisbach y música de Juan Carlos Cobián.
Hay una versión intermedia, titulada "En mi pasado", que la orquesta de Aníbal Troilo, con su cantor Francisco Fiorentino, grabó el 15 de junio de 1942 y fue editada por Julio Sosa en 1943.
A partir de la edición de 1950 aparece con el título "Los mareados".

"Rara
como encendida
te hallé bebiendo
linda y fatal..."

Sergi, Sergio (1896 -1973).
El copetín.

Gricel

1942

No debí pensar jamás
en lograr tu corazón
y sin embargo te busqué
hasta que un día te encontré
y con mis besos te aturdí
sin importarme que eras buena...
Tu ilusión fue de cristal,
se rompió cuando partí
pues nunca, nunca más volví...
¡Qué amarga fue tu pena!

No te olvides de mí,
de tu Gricel,
me dijiste al besar
al Cristo aquel
y hoy que vivo enloquecido
porque no te olvidé
ni te acuerdas de mí...
¡Gricel! ¡Gricel!

Me faltó después tu voz
y el calor de tu mirar
y como un loco te busqué
pero ya nunca te encontré
y en otros besos me aturdí...
¡Mi vida toda fue un engaño!
¿Qué será, Gricel, de mí?
Se cumplió la ley de Dios,
porque sus culpas ya pagó
quien te hizo tanto daño.

Letra de José María Contursi, música de
Mariano Mores.
Los versos fueron inspirados por la joven
Susana Gricel Viganó, quien, al cabo de
un bello romance, contrajo matrimonio
con el poeta en una iglesia de Capilla del Monte.
Fue grabado por la orquesta de Aníbal
Troilo, con su cantor Francisco Fiorentino,
el 30 de octubre de 1942.

Portada de la partitura del tango *Gricel*.

Malena

1942

Malena canta el tango como ninguna
y en cada verso pone su corazón.
A yuyo de suburbio su voz perfuma.
Malena tiene pena de bandoneón.
Tal vez, allá en la infancia, su voz de
alondra
tomó ese tono oscuro de callejón...
O acaso aquel romance, que sólo nombra
cuando se pone triste con el alcohol.
Malena canta el tango con voz de sombra.
Malena tiene pena de bandoneón.

Tu canción
tiene el frío del último encuentro.
Tu canción
se hace amarga en la sal del recuerdo.
Yo no sé
si tu voz es la flor de una pena;
sólo sé
que al rumor de tus tangos, Malena,
te siento más buena,
más buena que yo.

Tus ojos son oscuros como el olvido;
tus labios, apretados como el rencor;
tus manos, dos palomas que sienten frío;
tus venas tienen sangre de bandoneón.
Tus tangos son criaturas abandonadas
que cruzan sobre el barro del callejón
cuando todas las puertas están cerradas
y ladran los fantasmas de la canción.
Malena canta el tango con voz quebrada.
Malena tiene pena de bandoneón.

*Letra de Homero Manzi, música de Lucio Demare.
Manzi escribió los versos escuchando cantar en San
Pablo, Brasil, a Malena de Toledo (Elena Torterolo
de Salinas), pero pensando en la voz de sombra de
Nelly Omar.
La orquesta de Demare lo estrenó en la radio El
Mundo, con su cantor Juan Carlos Miranda, en
1942. El mismo año lo interpretó en la película El
viejo Hucha, donde Juan Carlos Miranda dobla a
Osvaldo Miranda. Como en el mismo año lo grabó
Azucena Maizani, se interpretó que esta gran
cancionista había sido la inspiradora de los versos.*

Portada de la partitura del tango *Malena*.

Tristezas de la calle Corrientes

1942

Calle
como valle
de monedas para el pan...
Río
sin desvío
donde sufre la ciudad...
¡Qué triste palidez tienen tus luces!
¡Tus letreros sueñan cruces!
¡Tus afiches carcajadas de cartón!
Risa
que precisa
la confianza del alcohol...
Llantos
hechos cantos
pa' vendernos un amor...
Mercado
de las tristes alegrías...
¡Cambalache de caricias
donde cuelgan la ilusión!
Triste, sí,
por ser nuestra;
triste, sí,
porque sueñas...
Tu alegría es tristeza
y el dolor de la espera
te atraviesa...
Y con pálida luz
vivís llorando tus tristezas...
Triste, sí,
por ser nuestra...
Triste, sí,
por tu cruz...
Vagos
con halagos
por bohemia mundanal.
Pobres,
sin más cobres
que el anhelo de triunfar,
ablandan el camino de la espera
con la sangre toda llena
de cortados, en la mesa de algún bar.

Calle
como valle
de monedas para el pan...
Río
sin desvío
donde sufre la ciudad...
Los hombres te vendieron
como a Cristo
y el puñal del obelisco
te desangra sin cesar...

*Letra de Homero Expósito y música de
Domingo S. Federico, difundido
principalmente a través de las versiones
grabadas por Miguel Caló y su cantor
Raúl Berón el 2 de setiembre de 1942 y
por Aníbal Troilo, con Francisco
Fiorentino, el 18 del mismo mes y año.*

"... *La verdadera calle Corrientes comienza en Callao
y termina en Esmeralda.*

*Es el cogollo porteño, el corazón de la urbe, la verdade-
ra calle: La calle en la que sueñan los porteños que se en-
cuentran en provincia.*

*La calle que arranca un suspiro en los desterrados de
la ciudad. La calle que se quiere, que se quiere de verdad.*

*La calle que es linda de recorrer de punta a punta por-
que es calle de vagancia, de atorrantismo, de olvido, de
alegría, de placer ... Y es inútil que traten de reformarla,
Que traten de adecentarla Calle porteña de todo corazón,
está impregnada tan profundamente de ese espíritu nuestro, que aunque lo poden las casas hasta los cimientos y le
echen creolina hasta las napa de agua, la calle seguirá
siendo la misma ... la recta donde es bonita la vagancia y
donde hasta el más inofensivo infeliz se da aires de perdo-
navidas y de calavera jubilado.*

*Y ese pedazo es lindo porque parece decirle al resto de
la ciudad, serio y grave: Se me importa un pepino de la se-
riedad, aquí la vida es otra.*"

Roberto Arlt.
Aguafuertes porteñas.

"Los hombres te vendieron como a Cristo..."   Corrientes angosta.

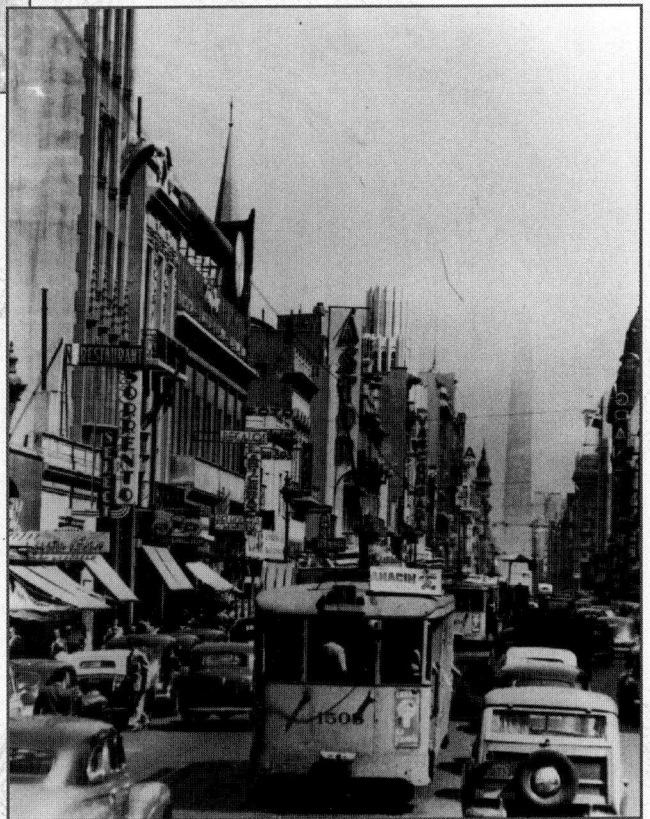

"...y el puñal del obelisco te desangra sin cesar..."   Corrientes ensanchada.

Moneda de cobre

1942

Tu padre era rubio, borracho y malevo,
tu madre era negra con labios malvón;
mulata naciste con ojos de cielo
y mota en el pelo de negro carbón.
Creciste en el lodo de un barrio muy pobre,
cumpliste veinte años en un cabaret,
y ahora te llaman moneda de cobre,
porque vieja y triste muy poco valés.

Moneda de cobre,
yo sé que ayer fuiste hermosa,
yo con tus alas de rosa
te vi volar mariposa
y después te vi caer...
Moneda de fango,
¡qué bien bailabas el tango!...
Qué linda estabas entonces,
como una reina de bronce,
allá en el "Folios Berger".

Aquel barrio triste de barro y de latas
igual que tu vida desapareció...
Pasaron veinte años, querida mulata,
no existen tus padres, no existe el farol.
Quizás en la esquina te quedes perdida
buscando la casa que te vio nacer;
seguí, no te pares, no muestres la herida...
No llores mulata, total, ¡para qué!

Letra de Horacio Sanguinetti y música de Carlos Viván.
Notable creación de Alberto Castillo, que lo grabó el 4 de
diciembre de 1942, cuando era cantor de la orquesta de
Ricardo Tanturi.

"...cumpliste veinte años en un cabaret,
y ahora te llaman moneda de cobre,
porque vieja y triste muy poco valés..."

Cogorno, Santiago (contemporáneo).
Mujeres magníficas.

No te apurés, Carablanca

1942

No te apurés, Carablanca...
que no tengo quien me espere...
Nadie extraña mi retardo,
para mí siempre es temprano
para llegar.
No te apurés, Carablanca...
que al llegar me quedo solo...
Y la noche va cayendo,
y en sus sombras los recuerdos
lastiman más.

Me achica el corazón
salir del corralón,
porque me sé perdido.
Me tienta la ilusión
que ofrece el bodegón,
en su copa de olvido.
Caña en la pena...
Llama que me abrasa
mal que no remedia,
pena que se agranda.
Siempre lo mismo...
Voy para olvidarla
y entre caña y caña
la recuerdo más.

No te apurés, Carablanca,
que aquí arriba del pescante,
mientras ando traqueteando
voy soñando como cuando
la conocí.
No te apurés, Carablanca...
Que no tengo quien me espere
como entonces, cuando iba
compadreando la alegría,
de ser feliz.

Letra de Carlos Bahr y música de Roberto Garza.
Data de 1942 y de ese año es la memorable versión
de la orquesta de Lucio Demare con su cantor Juan
Carlos Miranda.

"No te apurés, Carablanca,
que aquí arriba del pescante,
mientras ando traqueteando
voy soñando como cuando
la conocí..."

Castagnino, Juan Carlos (1908-1972).
Tango.

Garúa

1943

¡Qué noche llena de hastío y de frío!
El viento trae un extraño lamento.
Parece un pozo de sombras, la noche,
y yo, en la sombra, camino muy lento.
Mientras tanto la garúa
se acentúa
con sus púas
en mi corazón...

En esta noche tan fría y tan mía
pensando siempre en lo mismo me abismo
y aunque quiera arrancarla,
desecharla
y olvidarla,
la recuerdo más.

¡Garúa!...
Solo y triste por la acera
va este corazón transido
con tristeza de tapera,
sientiendo tu hielo,
porque aquella, con su olvido,
hoy le ha abierto una gotera...
Perdido,
como un duende que en la sombra
más la busca y más la nombra...
Garúa... tristeza...
¡Hasta el cielo se ha puesto a llorar!

Letra de Enrique Cadícamo, música de Aníbal Troilo.
La orquesta del autor de la música, con su cantor
Francisco Fiorentino, lo grabó el 4 de agosto de 1943.

"Perdido,
como un duende que en la sombra
más la busca y más la nombra..."

Deira, Ernesto (contemporáneo).
El tercero incluido.

Mi taza de café

1943

La tarde está muriendo detrás de la vidriera
y pienso mientras tomo mi taza de café.
Desfilan los recuerdos, los triunfos y las penas,
las luces y las sombras del tiempo que se fue.
La calle está vacía, igual que mi destino.
Amigos y cariños, barajas del ayer.
Fantasma de la vida, mentiras del camino
que evoco mientras tomo mi taza de café.

Un día alegremente te conocí, ciudad.
Llegué trayendo versos y sueños de triunfar;
te vi desde la altura de un cuarto de pensión
y un vértigo de vida sintió mi corazón.
Mi pueblo estaba lejos, perdido más allá.
Tu noche estaba cerca, tu noche pudo más.
Tus calles me llevaron, tu brillo me engañó.
Ninguno fue culpable, ninguno más que yo.

El viento de la tarde revuelve la cortina.
La mano del recuerdo me aprieta el corazón.
La pena del otoño agranda la neblina,
se cuela por la hendija de mi desolación.
Inútil pesimismo, deseo de estar triste,
manía de andar siempre pensando en el ayer.
Fantasmas del pasado que vuelven y que insisten
cuando en las tardes tomo mi taza de café.

Versos de Homero Manzi y música de Alfredo Malerba.
Acompañada por una orquesta dirigida por Alfredo Malerba
-que era su esposo- los grabó Libertad Lamarque en 1943.

*"Fantasmas de la vida, mentiras del camino
que evoco mientras tomo mi taza de café..."*

Rebuffo, Victor (1903-1983).
El pocillo de café.

La abandoné y no sabía

1944

Amasado entre oro y plata
de serenatas
y de fandango;
acunado entre los sones
de bandoneones
nació este tango.
Nació por verme sufrir
en este horrible vivir
donde agoniza mi suerte.
Cuando lo escucho al sonar,
cuando lo salgo a bailar
siento más cerca la muerte.
Y es por eso que esta noche
siento el reproche
del corazón.

La abandoné y no sabía
[de] que la estaba queriendo (sic)
y desde que ella se fue
siento truncada mi fe
que va muriendo, muriendo...
La abandoné y no sabía
que el corazón me engañaba
y hoy que la vengo a buscar
ya no la puedo encontrar...
¡A dónde iré sin su amor!

Al gemir de los violines
los bailarines
van suspirando.
Cada cual con su pareja
las penas viejas
van recordando.
Y yo también que en mi mal
sufro la angustia fatal
de no tenerla en mis brazos,
hoy la quisiera encontrar
para poderla besar
y darle el alma a pedazos...
Pero inútil... Ya no puedo...
Y en sombra quedo
con mi ilusión.

Letra y música de José Canet.
Aunque compuesto en 1943
fue difundido al año
siguiente por la orquesta de
Miguel Caló, con el cantor
Raúl Berón, y por la de
Ricardo Tanturi, con
Enrique Campos.

*"Al gemir los violines
los bailarines
van suspirando.
Cada cual con su pareja
las penas viejas
van recordando."*

Torrallardona, Carlos (1913-1986).
Tango.

La vi llegar

1944

La vi llegar
-caricia de su mano breve-...
La vi llegar
-alondra que azotó la nieve-.
Tu amor, puede decirse, se funde en el misterio
de un tango acariciante que gime por los dos.
Y el bandoneón
-rezongo amargo del olvido-
lloró su voz
que se quebró en la densa bruma.
Y en la desesperanza,
tan cruel como ninguna,
la vi partir
sin la palabra del adiós.

Era mi mundo de ilusión
-lo supo el corazón
que aún recuerda siempre su extravío-.
Era mi mundo de ilusión
y se perdió de mí,
sumiéndome en la sombra del dolor.
Hay un fantasma en la noche interminable,
hay un fantasma que ronda en mi silencio:
es el recuerdo de su voz,
latir de su canción,
la noche de su olvido y su rencor.

La vi llegar
-murmullo de su paso leve-...
La vi llegar
-aurora que borró la nieve-...
Perdido en la tiniebla, mi paso vacilante
la busca en mi terrible camino de dolor.
Y el bandoneón
dice su nombre en su gemido,
con esa voz
que la llamó desde el olvido.
Y en este desencanto brutal que me condena
la vi partir sin la palabra del adiós.
La vi llegar
y en la distancia se perdió.

Letra de Julián Centeya y música de Enrique Mario Francini. El poeta escribió sobre la música. Este tango obtuvo el primer premio en un certamen organizado en radio Belgrano. Lo grabó la orquesta de Miguel Caló, con Raúl Iriarte, el 19 de abril de 1944.

*"Y en este desencanto brutal que me condena
la vi partir sin la palabra del adiós.
La vi llegar
y en la distancia se perdió."*

Supisiche, Ricardo (1912-1992).
Imágenes en el espacio.

Margo

1945

Margo ha vuelto a la ciudad
con el tango más amargo,
su cansancio fue tan largo
que el cansancio pudo más.
Varias noches el ayer
se hizo grillo hasta la aurora,
pero nunca como ahora
tanto y tanto hasta volver.
¿Qué pretende? ¿A dónde va
con el tango más amargo?
¡Si ha llorado tanto Margo
que dan ganas de llorar!

Ayer pensó que hoy... y hoy no es
posible...
La vida puede más que la esperanza...
París
era oscura y cantaba su tango feliz,
sin saber, pobrecita
que el viejo París
se alimenta con el breve
fin brutal de la magnolia
entre la nieve...
Después
otra vez Buenos Aires
y Margo otra vez
sin canción y sin fe...

Hoy me hablaron de rodar
y yo dije a las alturas:
Margo siempre fue más pura
que la luna sobre el mar.
Ella tuvo que llorar
sin un llanto lo que llora,
pero nunca como ahora
sin un llanto hasta sangrar.
Los amigos que no están
son el son del tango amargo...
¡Si ha llorado tanto Margo
que dan ganas de llorar!

Letra de Homero Expósito, música de Armando
Pontier.
Hay de este tango varias versiones fonográficas,
entre ellas dos bellísimas, la de la orquesta de
Miguel Caló con el cantor Raúl Iriarte, realizada el
15 de marzo de 1945, y la orquesta de Francini-
Pontier, con el cantor Alberto Podestá, que es del
29 de enero de 1946.

*"Margo ha vuelto a la ciudad
con el tango más amargo,
su cansancio fue tan largo
que el cansancio pudo más."*

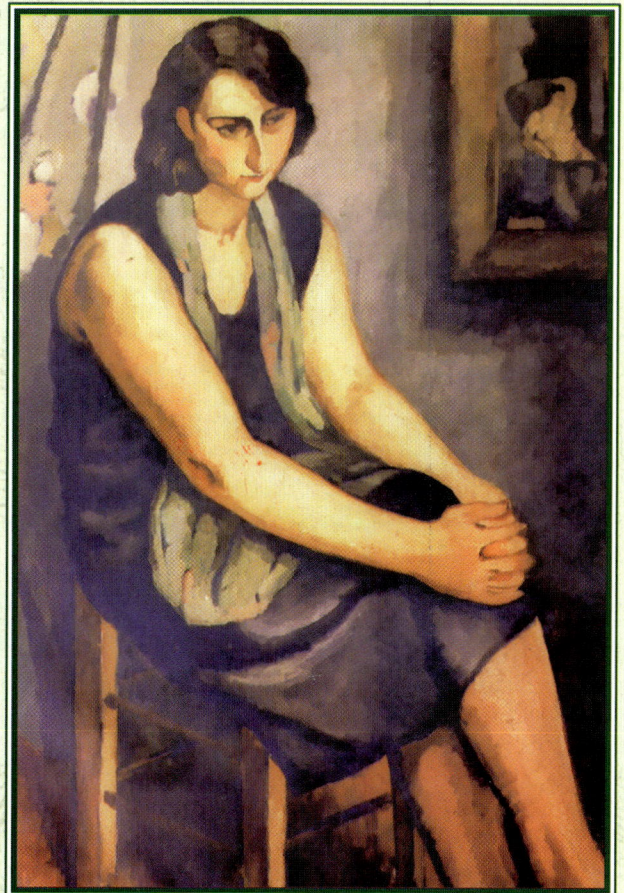

Domínguez Neira (1894-1970).
Retrato.

Adiós, pampa mía

1945

Adiós, pampa mía!...
Me voy... Me voy a tierras extrañas.
Adiós, caminos que he recorrido,
ríos, montes y cañadas,
tapera donde he nacido.
Si no volvemos a vernos,
tierra querida,
quiero que sepas
que al irme dejo la vida.
¡Adiós!...

Al dejarte, pampa mía,
ojos y alma se me llenan
con el verde de tus pastos
y el temblor de las estrellas.
Con el canto de tus vientos
y el sollozar de vihuelas
que me alegraron a veces
y otras me hicieron llorar.

Adiós, pampa mía!...
Me voy camino de la esperanza.
Adiós, llanuras que he galopado,
sendas, lomas y quebradas,
lugares donde he soñado.
Yo he de volver a tu suelo,
cuando presienta
que mi alma escapa
como paloma hasta el cielo...
¡Adiós!...
¡Me voy, pampa mía!...
¡Adiós!...

Letra de Ivo Pelay y música de Francisco Canaro y Mariano Mores.
Fue estrenado por la orquesta de Francisco Canaro, con el cantor Alberto Arenas, en la comeda musical El tango en París, *presentada en el teatro "Presidente Alvear", en 1945.*

"Adiós, llanuras que he galopado,.."

Pueyrredón, Prilidiano (1823-1870).
Un alto en el campo.

Un cronista de paso por Buenos Aires en 1861 y ante este cuadro expresaba... *Representa la paz del rancho. Una carreta de bueyes, mansos y bien nutridos recibe parte de una familia que camina para el pueblo. La gran ciudad se divisa en el fondo más lejano.. Los trajes de este grupo son de rigurosa verdad;.. son porteños legítimos, nacidos y criados en las Lomas y Morón, en las cercanías de Buenos Aires, antes que las diligencias, los ombús y los caminos de hierro hubiesen llega-* do a despoetizar nuestros suburbios...

Párrafo que pertenece al artículo *Obra de Arte*, publicado en el periódico *La Tribuna*, Buenos Aires, 7/8/1861.

Estas reflexiones nos muestran el pensamiento de una parte de la población que experimentaba como amenazante el fuerte movimiento inmigratorio y consideraba el progreso como destructor de las tradiciones.

Rondando tu esquina

1945

Esta noche tengo ganas de buscarla,
de borrar lo que ha pasado y perdonarla.
Ya no me importa el qué dirán
ni de las cosas que hablarán...
¡Total la gente siempre habla!
Yo no pienso más que en ella a toda hora...
Es terrible esta pasión devoradora.
Y ella siempre sin saber,
sin siquiera sospechar
mis deseos de volver...

¿Qué me has dado, vida mía,
que ando triste noche y día?
Rondando siempre tu esquina,
mirando siempre tu casa,
y esta pasión que lastima,
y este dolor que no pasa...
¿Hasta cuándo iré sufriendo
el tormento de tu amor?

Este pobre corazón que no la olvida
me la nombra con los labios de su herida
y ahondando más su sinsabor,
la mariposa del dolor
cruza en la noche de mi vida.
Compañeros, hoy es noche de verbena...
Sin embargo, yo no puedo con mi pena
y al saber que ya no está,
solo, triste y sin amor
me pregunto sin cesar...

Letra de Enrique Cadícamo y
música de Charlo.
Comenzó a ser difundido por Ángel
Vargas quien, con la orquesta de
Ángel D'Agostino, lo llevó al disco
el 2 de noviembre de 1945.

Carlos Pérez de la Riestra (Charlo), compositor de este tango, debutó en 1924 como pianista y cantante. En su extensa carrera que se prolongó hasta fines de los años 60, cantó con las orquestas de Francisco Canaro y Francisco Lomuto.

En su tarea como compositor se pueden citar a: *Fuelle, Ave de paso, Costurerita* y *Sin lágrimas.*

Discos de Gardel

1945

No siento tanto que mi vida es triste y sola
cuando escucho en la victrola
viejos discos de Gardel.
Los tangos del ayer
reviven sin querer
amores marchitados por el tiempo
y casi olvido que mis sienes están grises
escuchando Cicatrices,
Nunca más, Un tropezón,
y trae la emoción
amarga del dolor
el tango No te engañes, corazón.

Dice la voz
sentimental
Mi Buenos Aires querido
y regresan los recuerdos
de mis vueltas por la vida
y de aquella vieja herida
de un amor.
En cada tango su huella.
En cada tango mi estrella.
Y por eso mi alma llora
cuando escucho en la victrola
discos de Carlos Gardel.

¡Los discos viejos me recuerdan tantas cosas!
Calles viejas y barrosas
que ha olvidado el corazón...
La pálida canción
con cálida emoción
me lleva por la sombra de otros tiempos.
Es un puñado de recuerdos desteñidos
que del fondo del olvido
vuelven hoy a revivir.
Nostalgias de un querer,
el barrio del ayer
y rostros que ya nunca han de volver.

*Letra de Horacio Sanguinetti, música de Eduardo del Piano.
Hay dos memorables versiones fonográficas: la de Enrique
Campos, cantando con la orquesta de Ricardo Tanturi (3 de
mayo de 1945) y la de Alberto Gómez (3 de marzo de 1948).*

Fotografía de 1915, de un negocio de artículos fonográficos, donde un vendedor ofrece discos a un cliente. Sobre el mostrador se pueden observar las tradicionales victrolas a cuerda.

La grabación de discos, tanto de las voces como de la música, se inició en el país en 1912. La iniciativa la tomó Max Glucksman y el primer tango reproducido fue *De pura cepa* por Roberto Firpo; siguieron el vals *Aranceti* y el tango *Retintín* de Eduardo Arolas; Lola Membrives grabó *Pangaré* y *Delantal de la china*; Guido Spano hizo en 1914 una grabación desde su lecho de enfermo, recitando el soneto *A Buenos Aires*.

En 1917 Carlos Gardel grabó en dúo con Razzano *Cantar eterno* y en ese mismo año *Mi noche triste*, con el acompañamiento del "Negro Ricardo" en guitarra, hecho que inició una nueva era en el tango cantado, según la discografía compilada por Boris Puga. Desde entonces registró en su brillante carrera cientos de composiciones musicales.

Cuenta Borges acerca de los discos de Gardel: *Tengo dos sobrinos que están entusiasmados con él, son verdaderos arqueólogos de los discos de Gardel. Hasta han conseguido lo que llaman discos acústicos donde queda apenas un especie de fantasma, un hilito de la voz de Gardel; y lo escuchan con sus amigos con una especie de emoción religiosa. A mi hermana también le gusta mucho. Oye un disco de Gardel y dice: 'la voz,... la voz'.*

"¡Los discos viejos me recuerdan tantas cosas!"

En carne propia

1946

Me has herido
y la sangre de esa herida
goteará sobre tu vida, sin cesar.
Algún día
sentirás en carne propia
la crueldad con que hoy me azota
tu impiedad...
Y es posible que la mano que te hiera
vengadora o justiciera, por tu mal
te devuelva,
golpe a golpe, el sufrimiento,
cuando estés en el momento
en que el golpe duele más.

En carne propia
sentirás la angustia sorda
de saber que aquel que amaste más
es quien te hiere...
Será inútil
que supliques por la gracia del perdón.
Será en vano
que pretendas esquivarte del dolor.
Porque algún día,
con la misma ruin moneda,
con que pagan los que pagan mal,
te pagarán.

De rodillas
te hincarás rogando al cielo,
cuando sientas todo el peso del dolor.
Tu amargura
será enorme y sin remedio,
cuando pagues con el precio de tu horror...
De rodillas llorarás en la agonía
de tu noche enloquecida, sin perdón...
Y en la angustia
de tu cruel remordimiento,
pasarás por el infierno
que por ti he pasado yo.

Letra de Carlos Bahr, música de Manuel Bernardo Sucher.
Fue grabado por la orquesta de Aníbal Troilo, con Alberto
Marino, el 14 de junio de 1946.

"Me has herido
y la sangre de esa herida
goteará sobre tu vida, sin cesar."

Deira, Ernesto (1928-1986).
Aproximación.

El choclo

Enrique Santos Discépolo

1946

Con este tango que es burlón y compadrito
se ató dos alas la ambición de mi suburbio;
con este tango nació el tango, y como un grito
salió del sórdido barrial buscando el cielo;
conjuro extraño de un amor hecho cadencia
que abrió caminos sin más ley que la esperanza,
mezcla de rabia, de dolor, de fe, de ausencia
llorando en la inocencia de un ritmo juguetón.

Por tu milagro de notas agoreras
nacieron, sin pensarlo, las paicas y las grelas,
luna de charcos, canyengue en las caderas
y un ansia fiera en la manera de querer...
Al evocarte, tango querido,
siento que tiemblan las baldosas de un bailongo
y oigo el rezongo de mi pasado...
Hoy, que no tengo más que a mi madre,
siento que llega en punta'e pies para besarme
cuando tu canto nace al son de un bandoneón...

Carancanfunfa se hizo al mar con tu bandera
y en un pernó mezcló a París con Puente Alsina.
Fuiste compadre del gavión y de la mina
y hasta comadre del bacán y la pebeta.
Por vos shusheta, cana, reo y mishiadura
se hicieron voces al nacer con tu destino...
¡Misa de faldas, querosén, tajo y cuchillo,
que ardió en los conventillos y ardió en mi corazón!

Enrique Santos Discépolo escribió esta nueva letra para el tango
El Choclo *de Ángel G. Villoldo, a pedido de Libertad Lamarque,*
que deseaba cantarla en la película Gran Casino, *dirigida por*
Luis Buñuel (Producciones Anahuac, México, 1947).
   Para componerla debió llegar a un laborioso acuerdo con Juan
Carlos Marambio Catán, autor de la letra escrita en 1930 y
titular del cincuenta por ciento de los derechos de composición.
   El acuerdo de partes data del 23 de abril de 1947, con la
mediación del editor Alfredo Perroti. La Liber pudo, así,
cantar los versos de Discépolo en la película Gran Casino.
   La música de este tango fue estrenada en 1905 por la orquesta de
José Luis Roncallo en el cabaret El Americano *que estaba situado*
en la cortada de Carabelas.

Ilustración de la época.

"...y en un pernó mezcló a París con Puente Alsina."

El choclo

Juan Carlos Marambio Catán

1930

Vieja milonga que, en mis horas de tristeza,
traes a mi mente tu recuerdo cariñoso
y, encadenándome a tus notas dulcemente,
siento que el alma se me encoge poco a poco;
recuerdo triste de un pasado que en mi vida
dejó una página de sangre escrita a mano
y que he llevado como cruz de mi martirio
aunque mi carga infame me llene de dolor.

Fue aquella noche
que todavía me aterra,
cuando ella era mía,
jugó con mi pasión,
y en duelo a muerte
con quien robó mi vida
mi daga gaucha
partió su corazón.
Y me llamaban
el Choclo, compañeros;
tallé en los entreveros,
seguro y fajador,
pero una china
envenenó mi vida
y hoy lloro a solas
con mi trágico dolor.

Si alguna vuelta le toca, por la vida,
en una mina poner su corazón,
recuerde siempre que una ilusión perdida
no vuelve nunca a dar una flor.

Besos mentidos, engaños y amarguras,
rondado siempre la pena y el dolor,
y cuando un hombre entrega su ternura
cerca del lecho le acecha la traición.

Hoy que los años han blanqueado ya mis sienes
y que en mi pecho sólo anida la tristeza,
como una luz que me ilumina en el sendero
llegan tus notas de melódica belleza.
Tango querido, viejo *Choclo* que me embargas
con la caricia de tus notas tan sentidas
quiero morir bajo el arrullo de tus quejas,
cantando mis querellas, llorando mi dolor.

*Esta letra fue escrita por Juan Carlos Marambio Catán, en
1930, a pedido de la hermana y heredera del autor, doña
Irene Villoldo de Corona.*

Tapera

1947

Al fin, un rancho más que se deja,
total, porque no ha vuelto la prenda;
allí, donde se muere una senda;
allí, donde los pastos se quejan
y el viento se aleja
silbando un dolor.
Total, otra cocina sin brasas
y un gaucho que pasa
sin rumbo ni amor...

Roldanita de mi pozo
que cantaba su alborozo,
ya no habrás de cantar nunca más.
Sombra fresca del alero
donde estaban los jilgueros,
los jilgueros que hoy no están.
Brillazón de mis trigales
que mancharon los cardales
cuando un día comencé a penar,
cuando entraron los abrojos
a morder en mis rastrojos
y me eché a rodar.

Se fue, dirá la gente del pago;
se fue, tal vez detrás de otro sueño...
Al fin, otro ranchito sin dueño;
al fin, otra tapera tirada
sin tropa ni aguada,
sin gente ni Dios.
Total, otro fogón desdichado,
que un alma ha dejado
sin fuego ni amor.

*Letra de Homero Manzi, música de Hugo Gutiérrez.
Fue grabado por la orquesta de Aníbal Troilo con su
cantor Edmundo Rivero el 20 de octubre de 1947.*

Según Ricardo Rojas, el término tapera proviene del español (de tapar). Generalmente se le admite origen guaraní: taparé, cosa o paraje abandonado.

Hoy usamos esta palabra, tapera, en su acepción "tape" como se llamó a los guaraníes que constituyeron las primeras misiones de Santo Tomé (tape significa ciudad), y de ahí surgió la provincia del Tape, y tapes fueron entonces sus naturales. La voz se extendió luego para todos los indígenas y alcanzó cierta intención despectiva. Los tapes desempeñaron un papel importante en las misiones y en el mestizaje, sobre todo en el sur de Brasil y en casi todo el Uruguay; quedó en el lenguaje del recuerdo de aquellas épocas, la frase "salario del tape": se originó a raíz del trabajo que en 1730 hicieron 350 indios para levantar la plaza de Montevideo y a los que se pagaba real y medio de jornal.

En nuestra literatura hay numerosos pasajes donde se habla de tapera en la acepción tape.

Y ya sabe usté, aparcero / que allí junto a la tapera / está la casa de Antelo / que es un rancho miserable / que de mirarlo da sueño. (Hilario Ascasubi, *Paulino Lucero*).

Vivía en una tapera, sin sombra de árbol, situada en el centro de una de las eses o meandros del cañadón. (Eduardo Acevedo Díaz (h), *Cancha larga*).

¡Rancho con ombú acaba en tapera! —murmuró con supersticioso acento una... (M. Leguizamón, *Montaraz, Cap. VIII*).

El dulce final en palabras de un poeta:

*Tapera, triste tapera
entre el pajonal perdida
como una calandria herida
por una mano cualquiera.*

"Al fin un rancho más que se deja,
total, porque no ha vuelto la prenda;
allí, donde se muere una senda;
allí, donde lo pastos se quejan..."

Solari, Carlos (contemporáneo).
Tan sólo la tapera.

Tu pálido final

1947

Tu cabellera rubia
caía entre las flores
pintadas del percal
y había en tus ojeras
la inconfundible huella
que hablaba de tu mal...
Fatal,
el otoño, con su trágico
murmullo de hojarascas,
te envolvió
y castigó el dolor...
Después todo fue en vano,
tus ojos se cerraron
y se apagó tu voz.

Llueve,
la noche es más oscura...
Frío,
dolor y soledad...
El campanario marca
la danza de las horas,
un vendedor de diarios
se va con su pregón...
¡Qué triste está la calle!...
¡Qué triste está mi cuarto!
¡Qué solo sobre el piano
el retrato de los dos!...

El pañuelito blanco
que esconde en sus encajes
tu pálido final,
y aquella crucecita
-regalo de mi madre-
aumentan mi pesar...
No ves
que hasta llora el viejo patio
al oír el canto amargo
de mi amor
y mi desolación...
¡Porque las madreselvas,
sin florecer te esperan
como te espero yo!...

Letra de Alfredo Faustino Roldán y música de Vicente Demarco. Fue difundido en el año 1947 por Alberto Castillo, Edmundo Rivero y Aldo Campoamor.

"Frío,
dolor y soledad...
El campanario marca
la danza de las horas,
un vendedor de diarios
se va con su pregón..."

Russo, Raúl (1912-1984).
Paisaje urbano (Iglesia de San Agustín, 1949).

Cafetín de Buenos Aires

1948

De chiquilín te miraba de afuera
como esas cosas que nunca se alcanzan,
la ñata contra el vidrio,
en un azul de frío
que sólo fue después, viviendo,
igual al mío.
Como una escuela de todas las cosas,
ya de muchacho, me diste, entre asombros,
el cigarrillo,
la fe en mis sueños
y una esperanza de amor.

¿Cómo olvidarte en esta queja,
cafetín de Buenos Aires,
si sos lo único en la vida
que se pareció a mi vieja?
En tu mezcla milagrosa
de sabihondos y suicidas
yo aprendí filosofía,
dados, timba y la poesía
cruel, de no pensar más en mí.

Me diste en oro un puñado de amigos
que son los mismos que alientan mis horas:
José, el de la quimera;
Marcial, que aún cree y espera
y el flaco Abel, que se nos fue
pero aún me guía.
Sobre tus mesas que nunca preguntan
lloré una tarde el primer desengaño,
nací a las penas, bebí mis años...
¡y me entregué sin luchar!

Letra de Enrique Santos Discépolo,
música de Mariano Mores.
Estrenado por Tania en 1948 y difundido
por la orquesta de Aníbal Troilo con su cantor
Edmundo Rivero, quienes lo grabaron el
8 de junio de aquel año.

"Me diste en oro un puñado de amigos
que son los mismos que alientan mis horas:..."

Alio, Jorge (contemporáneo).
Reunión en el café.

*"...la ñata contra el vidrio,
en un azul de frío..."*

Labourdette, Edmundo (contemporáneo).
Cafetín de Buenos Aires.

Tarde

1947

De cada amor que tuve tengo heridas,
heridas que no cierran y sangran todavía.
Error de haber querido ciegamente
matando inútilmente la dicha de mis días.
Tarde me di cuenta que al final se vive igual fingiendo...
Tarde comprobé que mi ilusión se destrozó queriendo...
¡Pobre amor que está sufriendo
la amargura más tenaz!
Y ahora que no es hora para nada
tu boca enamorada me incita una vez más.

Y aunque quiera quererte ya no puedo,
porque dentro del alma tengo miedo.
Tengo miedo que se vuelva a repetir
la comedia que me ha hundido en el vivir.
Todo lo que di,
todo lo perdí...
Siempre puse el alma entera
de cualquier manera
soportando afrentas
y al final de cuentas
me quedé sin fe.

De cada amor que tuve tengo heridas,
heridas que no cierran y sangran todavía.
Error de haberte querido ciegamente
perdido en un torrente de burlas y mentiras.
Voy en mi rodar sin esperar ni buscar amores...
Ya murió el amor porque el dolor le destrozó sus flores...
Y aunque hoy llores y me implores
mi ilusión no ha de volver.
¡No ves que ya la pobre está cansada,
deshecha y maltratada por tanto padecer!

Letra y música de José Canet, difundido en
Buenos Aires en la década de 1960.

"...soportando afrentas
y al final de cuentas
me quedé sin fe."

Gorriarena, Carlos (contemporáneo).
Sin fe, sin compasión.

Bien pulenta

1950

Estoy hecho en el ambiente de muchachos calaveras
entre guapos y malandras me hice taura pa' tallar;
me he jugado sin dar pifias en bulines y carpetas,
me enseñaron a ser vivo muchos vivos de verdad.
No me gustan los boliches, que las copas charlan mucho
y entre tragos se deschava lo que nunca se pensó.
Yo conozco tantos hombres que eran vivos y eran duchos
y en la cruz de cuatro copas se comieron un garrón.

Yo nunca fui shusheta
de pinta y fulería
y sé lo que es jugarse
la suerte a una baraja
si tengo un metejón.
Le escapo a ese chamuyo
fulero y confidente
de aquellos que se sienten
amigos de ocasión.
Yo soy de aquellas horas
que laten dentro' el pecho,
de minas seguidoras,
de hombres bien derechos
tallando tras cartón.
Siempre sé tener conducta por más contra que me busquen
aunque muchos se embadurnen que soy punto pa' curar,
ando chivo con la yuta porque tengo mi rebusque
y me aguanto cualquier copo con las cartas que me dan.
No me gusta avivar giles que después se me hacen contra,
acostumbro escuchar mucho, nunca fui conversador
y aprendí desde purrete que el que nace calavera
no se tuerce con la mala, ni tampoco es batidor.

Letra de Carlos Waiss y música de Juan
D'Arienzo y Héctor Varela.
Lo estrenó la orquesta de Juan D'Arienzo con
su cantor Alberto Echagüe, quienes lo
grabaron en 1950.

Glosario

Pifiar	: Errar; dar un golpe en falso con el taco en la bola del billar.
Deschavar	: Abrir una cerradura; confesar o declarar, delatar.
Tras cartón	: Inmediatamente.
Yuta	: Yusta: policía en general.
Copo	: Hacerse cargo del riesgo y la responsabilidad consiguiente.

*"Estoy hecho en el ambiente /
de muchachos calaveras..."*

Fotografía de la época.

Los versos de este tango describen al
"muchacho calavera" que hace de la amistad un
rito sagrado definido por conductas
establecidas en el café y entre la barra de amigos
y que conforma un verdadero código de vida
que jamás debe transgredirse.

Sur

1948

San Juan y Boedo antiguo, y todo el cielo;
Pompeya y más allá la inundación;
tu melena de novia en el recuerdo
y tu nombre flotando en el adiós.
La esquina del herrero, barro y pampa,
tu casa, tu vereda y el zanjón
y un perfume de yuyos y de alfalfa
que me llena de nuevo el corazón.

Sur,
paredón y después,
Sur,
una luz de almacén...
Ya nunca me verás como me vieras
recostado en la vidriera
y esperándote...
Ya nunca alumbraré con las estrellas
nuestra marcha sin querellas
por las noches de Pompeya...
Las calles y la luna suburbana
y mi amor y tu ventana
todo ha muerto... Ya lo sé.

San Juan y Boedo antiguo, cielo perdido,
Pompeya y, al llegar al terraplén,
tus veinte años temblando de cariño
bajo el beso que entonces te robé...
Nostalgias de las cosas que han pasado,
arena que la vida se llevó,
pesadumbre de barrios que han cambiado
y amargura del sueño que murió.

*Letra de Homero Manzi y música de Aníbal Troilo.
Fue estrenado por Edmundo Rivero, cantor de la
orquesta de Aníbal Troilo, en el cabaret* Tibidabo. *La
noche del estreno se resolvió cambiar el verbo florar por
flotar, en el cuarto verso que decía "tu nombre florando
en el adiós". Troilo y Rivero grabaron este tango el 23 de
febrero de 1948.*

*"Nostalgias de las cosas que han pasado,
arena que la vida se llevó,
pesadumbre de barrios que han cambiado..."*

Policastro, Enrique
(1898-1971).
Tango.

Homero Manzi al decir de Horacio Salas "fue el primero en convertir las palabras de los tangos en poesía. En sus versos quedaron retratadas nostálgicas postales de barrio: las casas bajas con rejas y zarcillos de enamoradas del muro pegadas a las paredes sin revoque; los personajes entrevistos o intuidos desde las ventanas del colegio de Pompeya, donde estuvo pupilo algunos años; los recuerdos, muchas veces ajenos a los últimos guapos. En otras palabras, el paraíso perdido de la infancia, una ciudad lejana en la que se fantasea que los días pasados eran mejores".

El mérito de su inigualable obra fue el haber dado al humilde verso tanguero, el vuelo literario necesario para codearse con los mejores autores de la poesía argentina.

Manzi inauguró un estilo capaz de introducirse en el gusto del pueblo y arribó, quizá inconscientemente a culturizarlo.

Lo vital y permanente de su obra se ve reflejado en este poema que se nos ocurre compartir amistosamente, dado que es muy poco conocido. Fue publicado por la revista *Criterio* el 5 de noviembre de 1929. Tango y literatura hermanados en el recuerdo de los barrios (Sur), los paredones (y después...), los patios, las nostalgias que han pasado, las novias recordadas (tu nombre flotando en el ayer), el grito de los perros, y la luna...

Aquí están poblando el aire aquellos versos:

MONÓLOGO CONTRA TU RECUERDO

*Yo te encuentro flameando en los patios caseros
porque eras fresca y limpia como la ropa blanca.
Por eso no te puedo descartar del recuerdo.
Si hasta entras por los ojos a la casa del alma.*

*De humilde te has mezclado tan con las cosas simples
que cuando en soledad recojo las nostalgias
te sorbo a tragos largos
igual que a un jarro de agua.*

*Sos para mí un aljibe. Quizá porque en tu nombre
guardo las cuatro gotas que te lloro en palabras.
Quizá porque al subirte a nivel de recuerdo
se me quejan las horas con pena de roldana.*

*Eras una María
que ibas desparramando por los ojos, el alma.
Y hoy apenas si queda en la historia del barrio
tu gloria, pobre gloria de muchachita honrada.*

*Es por eso que en todos los patios suburbanos
quiero llorar como una guitarra sin sonido,
cuando vuelves atada al polvo del crepúsculo
por las babas de diablo que llegan del olvido.*

*Pero te has vuelto ingrata desde que estás tan lejos.
Desque que estás tan lejos te has vuelto tan ingrata
que a veces espantado de tu recuerdo
te tiro mis angustias y no contestas nada.*

*(Así va esta canción a chocar con tu sombra.
Ojalá resbalara pobre gotita de agua,
como resbala el grito grotesco de los perros
sobre la luna fría como un trozo de lata).*

Homero Manzione

Paisaje

1950

La estación. Dos vías. Al lado, el camino:
agitado oleaje del mar del trigal,
y la margarita de un viejo molino
fingiendo a lo lejos un punto final.
El calor sofoca pero se avecina
la tormenta amiga conjurando el mal
y la flecha viva de una golondrina
es como un diamante rayando un cristal.

Qué ganas de gritar,
gritar, gritar,
igual que cuando chico
la frase familiar:
"Qué llueva, qué llueva,
la vieja está en la cueva;
los parajitos cantan,
las nubes se levantan...
Qué llueva, qué llueva,
la vieja está en la cueva..."
Y es tal mi aturdimiento
que en fuerza de gritar
ni me doy cuenta casi
que está lloviendo ya.

Luego el sol asoma su cabeza rubia;
lo veo a lo lejos, de nuevo brillar
entre el fino fleco del tul de la lluvia
que va silenciando su repiquetear.
Y mientras del fondo de la lejanía
un tren de juguete parece avanzar,
en un lago rojo se desangra el día
sobre los trigales color verde mar.

*Letra de Juan Bautista Abad Reyes y
música de Enrique Delfino.
Estrenado por Roberto Carlés en la radio
El Mundo el 14 de diciembre de 1950.*

Este tango, como tantos otros, fue estreno de una audición de radio. Si un medio de difusión caracterizó a los años 40, ése fue la radio. La generalización de su uso y las facilidades para su adquisición hicieron que nunca, ni antes ni después, la radio tuviera una audiencia tan amplia, ni difundiera programas más variados, ni de mayor calidad.

A pesar de que el Estado había monopolizado la propiedad de las "broadcastings", la competencia entre las emisoras, por el nivel de los programas o los artistas que contrataban, mantuvo una elevada jerarquía. Ello coincidió con el momento de máximo esplendor tanguero. Fue cuando letristas, músicos e intérpretes se conjugaron en un esfuerzo creativo de irrepetible expresividad.

El tango "competía" con el bolero en audiciones radiales que el público escuchaba ansiosamente a lo largo de todo el país; sus compases se escuchaban en los amplios auditorios que tenían las emisoras más importantes, de donde se transmitían las funciones "en vivo". Algunos programas como el "Glostora tango club" gozaban de la preferencia de los aficionados a la música ciudadana.

FIJESE señora...
FIJESE señor...
FIJESE con
Glostora
QUE FIJA MUCHO MEJOR!

Glostora: Publicidad del fijador que patrocinaba un famoso programa de tango: *El Glostora tango club*.

El furor de la radio.

Luis J. Medrano (1915-1974).

Publicidad de radio
de la época.

Ilustración de Cascabel
satirizando el
monopolio estatal.

La radio fue uno de los medios preferidos por Evita,
para difundir su obra.

Mi vieja viola

1950

Vieja viola, garufera y vibradora,
de las horas de parranda y copetín,
de las tantas serenatas a la lora
que hoy es dueña de mi cuore y patrona del bulín,
¡cómo estás de abandonada y silenciosa,
después que fuiste mi sueño de cantor!
Quien te ha oído sonar papa y melodiosa
no dice que sos la diosa de mi pobre corazón.

Es que la gola se va
y la fama es puro cuento
y andando mal y sin vento
todo, todo se acabó...
Hoy sólo queda el recuerdo
de pasadas alegrías,
pero estás vos, viola mía,
hasta que me vaya yo.

Cuantas noches bajo el brazo de la zurda
por cubrirte del sereno te llevé
y por más que me encontrara bien en curda,
conservándome en la línea, de otros curdas te cuidé.
Si los años de la vida me componen(*)
y la suerte me rempuja a encarrilar,
yo te juro que te cambio los bordones,
me rechiflo del escabio y te vuelvo a hacer sonar.

*(*) La partitura dice "te componen", pero se trata
seguramente de una errata. Con buen criterio,
Eduardo Romano, en Las letras del tango,
escribe "me componen".*

*Letra y música del guitarrero uruguayo Humberto Correa.
Aunque fue compuesto en fecha imprecisa su difusión
comenzó con la versión grabada por Ángel Vargas,
con la orquesta de Eduardo del Piano, que data del
20 de octubre de 1950.*

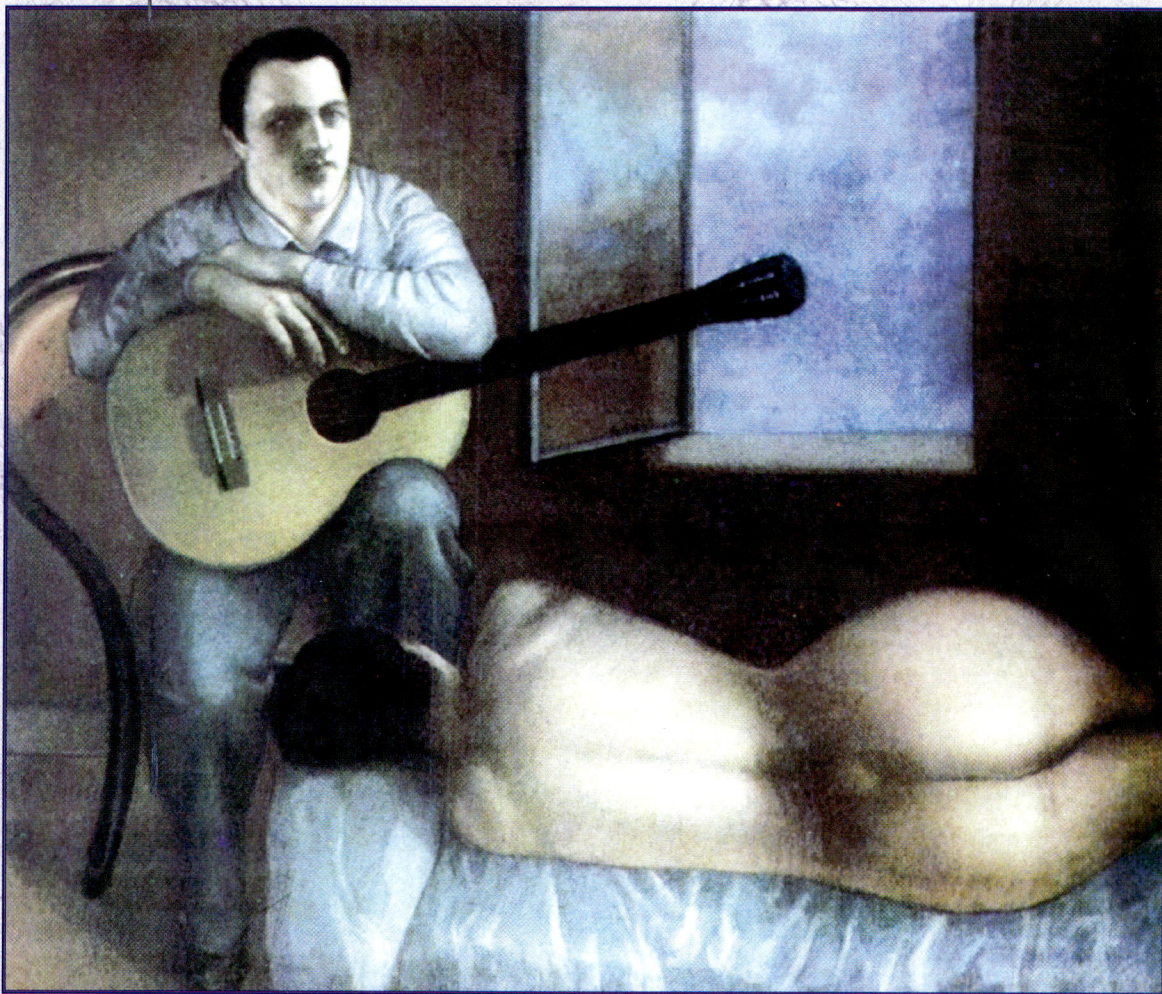

"Vieja viola, garufera y vibradora,
de las horas de parranda y copetín,
de las tantas serenatas a la lora
que hoy es dueña de mi cuore y patrona del bulín,..."

Donnini, Armando (1939-1983).
Recogimiento.

Che, bandoneón

1950

El duende de tu son, che, bandoneón,
se apiada del dolor de los demás
y al estrujar tu fueye dormilón
se arrima al corazón que sufre más.
Esthercita y Mimí, como Ninón,
dejando sus destinos de percal,
vistieron al final mortajas de rayón
al eco funeral de tu canción.

Bandoneón,
hoy es noche de fandango
y puedo confesarte la verdad,
copa a copa, pena a pena, tango a tango,
embalado en la locura
del alcohol y la amargura.
Bandoneón,
¿para qué nombrarla tanto?
¿No ves que está de olvido el corazón
y ella vuelve noche a noche como un canto
en las gotas de tu llanto,
che, bandoneón?

Tu canto es el amor que no se dio
y el cielo que soñamos una vez
y el fraternal amigo que se hundió
cinchando en la tormenta de un querer.
Y esas ganas tremendas de llorar
que a veces nos inundan sin razón
y el trago de licor que obliga a recordar
si el alma está en orsái, che, bandoneón.

Letra de Homero Manzi, música de Aníbal Troilo.
El autor de la música lo grabó con su orquesta y
la voz de Jorge Casal, el 24 de octubre de 1950.

El bandoneón fue inventado por el luthier alemán Heinrich Band en 1835, comenzando su fabricación en 1864 por una cooperativa llamada "Band - Unión", de donde deriva su nombre.

El instrumento fue traído a nuestras costas por los músicos locales que lo convirtieron en al alma de la música del tango.

En la fotografía, fechada el 16 de febrero de 1944, vemos a Aníbal Troilo "El bandoneón mayor de Buenos Aires", ejecutando por primera vez un instrumento enteramente fabricado en la Argentina por Luis Mariani, quien aparece en la foto con traje a cuadros, junto a José Razzano, Enrique S. Discépolo y Francisco Canaro.

Archivo General de la Nación.

298

Discepolín

1951

Sobre el mármol helado, migas de medialuna,
y una mujer absurda que come en un rincón...
Tu musa está sangrando y ella se desayuna...
El alba no perdona ni tiene corazón.
Al fin, ¿quién es culpable de la vida grotesca,
ni del alma manchada con sangre de carmín?
Mejor es que salgamos antes de que amanezca,
antes de que lloremos, viejo Discepolín...

Conozco de tu largo aburrimiento
y comprendo lo que cuesta ser feliz
y al son de cada tango te presiento
con tu talento enorme y tu nariz;
con tu lágrima amarga y escondida,
con tu careta pálida de clown
y con esa sonrisa entristecida
que florece en versos y en canción...

La gente se te arrima con su montón de penas
y tú las acaricias, casi con un temblor...
Te duele como propia la cicatriz ajena:
aquél no tuvo suerte y ésta no tuvo amor.
La pista se ha poblado al ruido de la orquesta...
Se abrazan bajo el foco muñecos de aserrín...
¿No ves que están bailando? ¿No ves que están de fiesta?
Vamos, que todo duele, viejo Discepolín...

*Letra de Homero Manzi y música de
Aníbal Troilo.
Fue estrenado en el cabaret* Tibidabo
*por la orquesta de Troilo, con el cantor
Raúl Berón, y grabado para el sello T.K.,
poco antes de la muerte de Manzi,
ocurrida el 3 de mayo de 1951, y con
anterioridad de algunos meses a la de
Discépolo, que falleció el 26 de diciembre
del mismo año. Los dos asistieron en el*
Tibidabo *al estreno de esta página.*

Este tango-homenaje que Manzi dedicó a Discépolo en 1951, es un trágico anticipo de la desaparición de los dos grandes poetas. En ese año Discepolín interpretaba por la cadena oficial de radio, que integraba la maquinaria de propaganda del gobierno peronista de entonces, a un personaje llamado "Mordisquito", que todos los días sentenciaba en sus charlas, párrafos como el que aquí se reproducen:

¿Por qué hablás si no sabés? ¿De dónde sacaste esa noticia que echás a rodar desaprensivamente, sin pensar en lo irresponsable que sos y en el daño que podés hacer? Estamos viviendo el tecnicolor de los días gloriosos, y vos me lo querés cambiar por el rollo en negativo del pesimismo, el chisme, la suspicacia y la depresión. No, si yo a vos te conozco, ¡uf! si te conozco... Vos sos, mirá, vos sos el que no podés disponer de hechos y entonces usás... los rumores... y te acercás a mí para tirarme la marea de unas palabras... en el momento más inesperado. ¿Sabés qué palabras por ejemplo? "La guerra que se va a armar..." ¡Explicate! Que tu actividad capciosa no se detenga en el umbral de las palabras sin que atraviese el zaguán del prólogo y no tienda la mesa en el comedor de los hechos... hechos, y no palabras, hechos... y no rumores... Dale, servime la mesa...

Discépolo interpretando a "Mordisquito".

San José de Flores

1953

Me da pena verte hoy, barrio de Flores,
rincón de mis juegos de pibe andarín,
recuerdos cachuzos, novela de amores
que evoca un romance de dicha sin fin.
Nací en este barrio, crecí en sus veredas;
un día alcé el vuelo soñando triunfar
y hoy pobre y vencido, cargado de penas,
he vuelto cansado de tanto ambular.

La dicha y fortuna me fueron esquivas,
girones de ensueños dispersos dejé,
y en medio de tantas desgracias y penas
el ansia bendita de verte otra vez.
En tierras extrañas luché con la suerte,
derecho y sin vueltas no supe mentir,
y al verme agobiado, más pobre que nunca,
rumbié a mi querencia buscando morir.

Más vale que nunca pegara el regreso
si al verlo de nuevo me puse a llorar,
mis labios dijeron temblando en un rezo:
mi barrio no es este, cambió de lugar.
Prefiero quedarme, morir en la huella...
Si todo he perdido, barriada y hogar...
Total, otra herida no me hace ni mella.
Será mi destino, rodar y rodar...

Letra de Enrique Gaudino y
música de Armando Acquarone.
Fue un éxito legendario del
cantor Alberto Morán, quien lo
grabó con la orquesta de Osvaldo
Pugliese el 14 de julio de 1953.

Buenos Aires colonial, edificada alrededor de un núcleo central, el fuerte y sus alrededores, fue creciendo en tres direcciones: N.O., Oeste y Sur, siguiendo los caminos que la vinculaban con el interior.

Se establecieron conjuntos urbanos reducidos, originariamente denominados parroquias, que paulatinamente se transformarían en barrios cuya existencia real recién fue reconocida a mediados del siglo XIX. San José de Flores fue un asentamiento que nació a fines del siglo XVIII, en la línea del Oeste.

La iglesia que le prestó su nombre data de 1831 y a su alrededor fue nucleándose una población estable que registra un gran crecimiento en los años posteriores a la epidemia de fiebre amarilla. En 1887, ya federalizada la capital, es incorporada a su jurisdicción y este pueblo fue testigo del paso de "La Porteña", locomotora que arrastrando el primer ferrocarril argentino, el 29 de agosto de 1857, llevando a las autoridades nacionales y provinciales, cubrió el trayecto que arrancaba en la estación del "Parque" y finalizaba en "La Floresta". El viaje de 10 km. de largo insumía 35 minutos.

Vista de la Iglesia San José de Flores en 1841, según el pintor
Carlos E. Pellegrini.

Plaza de San José de Flores en momentos de instalar las vías del tren.

Locomotora "La Porteña".

Relata Pastor Obligado en la crónica que describe el primer viaje de "La Porteña":

Del propio solar (antiguo basurero) donde hoy se levanta el teatro Colón, salió la primera locomotora que vino a modificar costumbres y paisajes...

...No menos de treinta mil espectadores, cuyo número se duplicaba a lo largo de la vía, hasta Floresta,...aguardaban acompañados con un bullicio ensordecedor provocado por las bandas, cohetes y petardos, la salida de la primera locomotora que pretendía triunfar sobre el desierto. Después del Tedéum, dos locomotoras (La Porteña y la Argentina), fueron bendecidas por el arzobispo Escalada.... Al pasar el tren sobre el elevado puente del Once de Septiembre, un compadrito de clavel en la oreja, cruzó al galope por debajo de aquél, golpeándose la boca y dando vivas. En aquella plaza de frutos del país, doscientas carretas vacías abrían sus negras bocas al cielo, con sus pértigos en descanso, co- *mo a la funerala, vencido el buey por el vapor, y cuando algo más adelante, una paisana, después de encender dos velas a la Virgen de Luján, salió de su rancho agitando la bandera de la patria y "vivando", la banda de música del segundo de línea, mandada por el entonces teniente coronel Emilio Mitre, contestó a la espontánea manifestación tocando la marcha de Lavalle. Siguió a ésta, otra escena menos estruendosa pero más característica. Un gaucho viejo venía entrando con su tropa de ganado a los corrales; desmontándose, e hincado sobre el pasto, se persignó al pasar la locomotora...Al regresar en treinta minutos, cinco menos que el viaje de ida, no faltaron episodios curiosos, como el del muchacho que por apuesta se tendió sobre la vía, pasando el tren sobre él; y el cacique Yanquetrús, que al subir, buscaba dónde escondían el caballo "comecarbón y respira llamas". Diez pesos papel costaba el pasaje de ida y vuelta y cinco en carruaje descubierto en toda la extensión de la línea.*

A mis manos

1955

Mis manos nacieron ciegas
y acunan sus locos sueños.
No saben que no se puede
tocar con ellas el cielo.
Por eso golpearon puertas
que a mis golpes no se abrieron.
Ella ya estaba lejana
y yo fui un mendigo ciego.

Mis manos fueron dos llamas
y solas se consumieron
porque ella fue indiferente
como una estatua de hielo.
Por eso las tengo ahora
como si fueran de yeso,
dos manos desesperadas
aferradas a un recuerdo

¡Ay, cómo se equivocaron
las ciegas manos que tengo!
Mis manos puse en las manos
de un amigo y tuve miedo.
No fueron manos leales,
se cumplió el presentimiento.
La vez que se hicieron puño
fueron dos puños de acero
y me golpearon el rostro
por no golpear rostro ajeno.
¡Ay, cómo se equivocaron
las ciegas manos que tengo!
Soldado del infortunio
llevo un brazalete negro.
¡Se llevaron a mi madre
y ellas no la detuvieron!
Fue el error más lamentable
que mis manos cometieron...
Ayudaron a llevarla...
¡Nunca sabrán lo que han hecho!
¡Ay, cómo se equivocaron
las ciegas manos que tengo!

*Alfredo Gobbi puso música de milonga a este bello
poema de Julio Camilloni.
Fue grabado por la orquesta de Gobbi, con el cantor
Alfredo del Río, el 28 de marzo de 1955.*

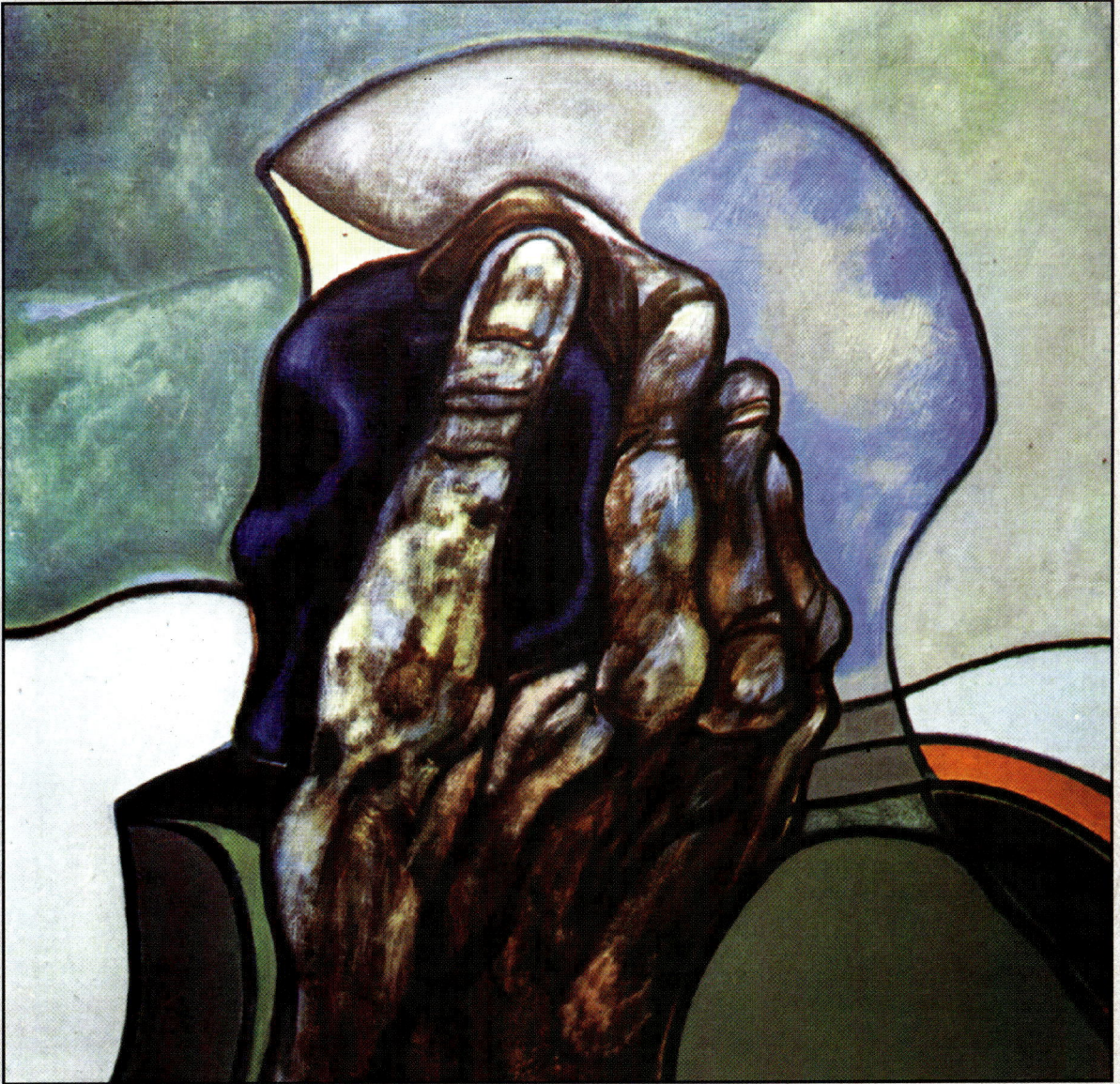

¡"Se llevaron a mi madre
y ellas no la detuvieron!
Fue el error más lamentable
que mis manos cometieron...
Ayudaron a llevarla...
¡Nunca sabrán lo que han hecho!"

Deira, Ernesto (1928-1986).
El arco naranja.

Una canción

1953

La copa del alcohol hasta el final
y en el final tu niebla, bodegón...
Monótono y fatal
me envuelve el acordeón
con un vapor de tango que hace mal...
¡A ver, mujer! Repite tu canción
con esa voz gangosa de metal
que tiene olor a ron
tu bata de percal
y tiene gusto a miel tu corazón...

Una canción
que me mate la tristeza,
que me duerma, que me aturda
y en el frío de esta mesa
vos y yo, los dos en curda...
Los dos en curda
y en la pena sensiblera
que me da la borrachera
yo te pido, cariñito,
que me cantes como antes,
despacito, despacito,
tu canción una vez más...

La dura desventura de los dos
nos lleva al mismo rumbo, siempre igual,
y es loco vendaval
el viento de tu voz
que silba la tortura del final...
¡A ver, mujer! Un poco más de ron
y ciérrate la bata de percal
que vi tu corazón
desnudo en el cristal,
temblando al escuchar
esta canción...

Letra de Cátulo Castillo, música de
Aníbal Troilo.
Fue cantado por Agustín Irusta en
la pieza escénica El patio de la Morocha,
de Castillo y Troilo, estrenado el
23 de abril de 1953.

"La copa del alcohol hasta el final
y en el final tu niebla, bodegón..."

Cóppola, Armando (1906-1957)
Cristales.

Cruel en el cartel,
la propaganda manda cruel en el cartel
y en el fetiche de un afiche de papel
se vende una ilusión,
se rifa el corazón...
Y apareces tú
vendiendo el último girón de juventud
-cargándome otra vez la cruz-
Cruel en el cartel te ríes, corazón,
-¡Dan ganas de balearse en un rincón!-

Yo te di un hogar...
Siempre fui pobre pero yo te di un hogar.
Se me gastaron las sonrisas de luchar,
luchando para ti,
sangrando para ti.

Luego la verdad,
que es resfregarse con arena el paladar
y ahogarse sin poder gritar.
Yo te di un hogar... ¡fue culpa del amor!
-¡Dan ganas de balearse en un rincón!-

Ya da la noche a la cancel
su piel de ojera...
Ya moja el aire su pincel
¡y hace con él la primavera!
¿Pero qué?
si están tus cosas pero tú no estás
porque eres algo para todos ya
como un desnudo de vidriera.
Luché a tu lado... para ti,
-¡por Dios!- ¡y te perdí!

Letra de Homero Expósito, música de Atilio Stampone.
Lo grabó el autor de la música, en 1957, con la voz de
Héctor Petray, pero la gran difusión de esta página
comienza con las interpretaciones de Roberto Goyeneche
en la década de 1970. Hay una ponderable versión
fonográfica del actor mexicano Joaquín Cordero.

"...y en el fetiche de un afiche de papel
se vende una ilusión,
se rifa el corazón...
Y apareces tú
vendiendo el último girón de juventud..."

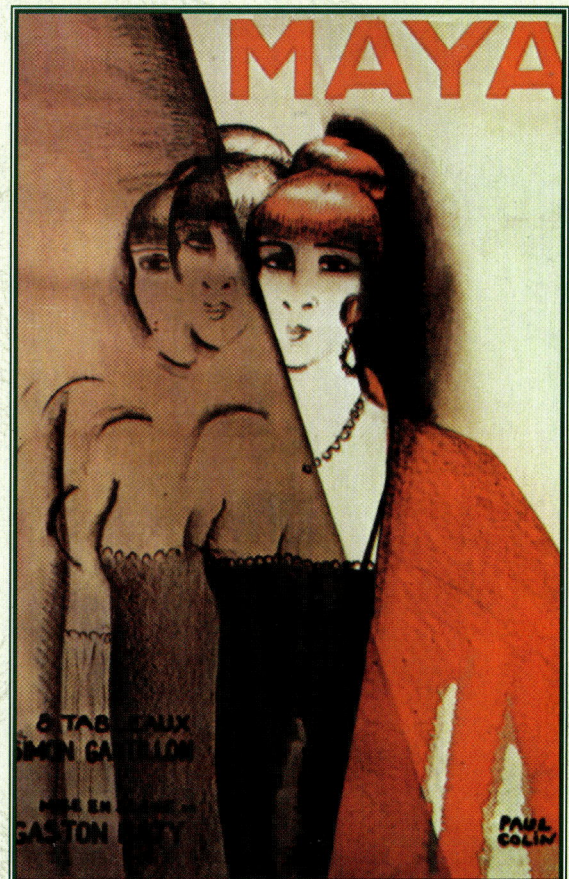

Afiche de la época.

La última curda

1956

Lastima, bandoneón,
mi corazón
tu ronca maldición maleva...
Tu lágrima de ron
me lleva
hasta el hondo bajo fondo
donde el barro se subleva...
Ya sé. No me digas. ¡Tenés razón!
La vida es una herida absurda
y es todo, todo, tan fugaz
que es una curda
-¡nada más!-
mi confesión.

Contame tu condena,
decime tu fracaso,
¿no ves la pena
que me ha herido?
Y hablemos simplemente
de aquel amor ausente
como un retazo
del olvido...
¡Ya sé que me haces daño!
¡Ya sé que te lastimo
diciendo mi sermón
de vino!
Pero es el viejo amor
que tiembla, bandoneón,
y busca en un licor que aturda,
la curda que al final
termine la función
¡corriéndole un telón
al corazón!

Un poco de recuerdo
y sinsabor
gotea
tu rezongo lerdo...
Marea tu licor
y arrea
la tropilla de la zurda
al volcar la última curda...
Cerrame el ventanal
que quema el sol
su lento caracol
de sueño...
No ves que vengo de un país
que está de olvido, siempre gris,
tras el alcohol.

. *Letra de Cátulo Castillo, música de Aníbal Troilo.*
Estrenado por Edmundo Rivero y grabado por éste con la
orquesta de Aníbal Troilo, de la que había sido cantor entre
1947 y 1949.

"Cerrame el ventanal
que quema el sol
su lento caracol
de sueño...
No ves que vengo de un país
que está de olvido, siempre gris,
tras el alcohol."

Pettoruti, Emilio (1894-1971).
Collage.

Y todavía te quiero

1956

Cada vez que te tengo en mis brazos,
que miro tus ojos, que escucho tu voz,
y pienso en mi vida en pedazos
el pago de todo lo que hago por vos,
me pregunto: ¿por qué no termino
con tanta amargura, con tanto dolor?...
Si a tu lado no tengo destino...
¿por qué no me arranco del pecho este amor?

"¿Y por qué
con el alma en pedazos,
me abrazo a tus brazos,
si no me querés?"

¿Por qué,
si mentís una vez,
si mentís otra vez
y volvés a mentir;
¿por qué
yo te vuelvo a abrazar,
yo te vuelvo a besar
aunque me hagas sufrir?
Yo sé
que es tu amor una herida,
que es la cruz de mi vida,
y mi perdición...
¿Por qué
me atormento por vos
y mi angustia por vos
es peor cada vez?...
¿Y por qué
con el alma en pedazos,
me abrazo a tus brazos,
si no me querés?

Yo no puedo vivir como vivo...
Lo sé, lo comprendo con toda razón,
si a tu lado tan sólo recibo
la amarga caricia de tu compasión...
Sin embargo... ¿por qué yo no grito
que es toda mentira, mentira tu amor
¿y por qué de tu amor necesito,
si en él sólo encuentro martirio y dolor?

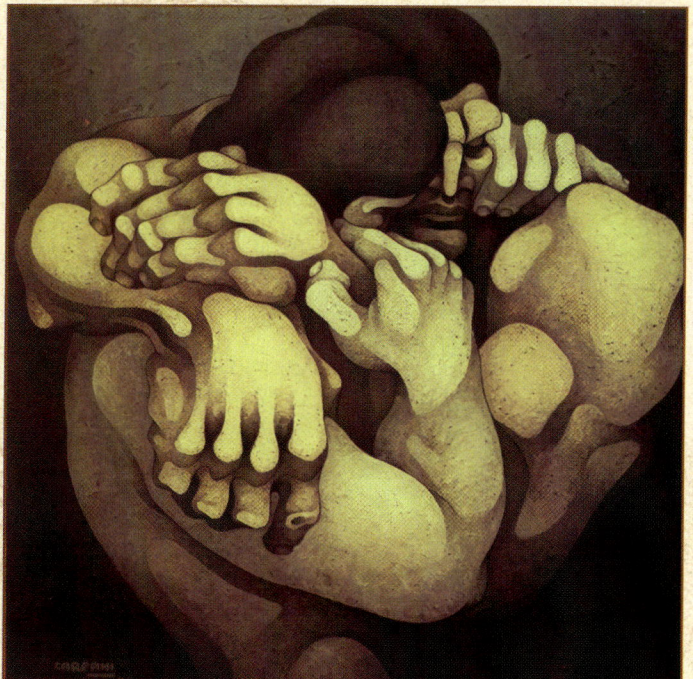

Carpani, Ricardo (1930-1997).
Amantes.

Letra de Abel Aznar, música de Luciano Leocata.
Hay una versión de la orquesta de Osvaldo Pugliese, con
el cantor Jorge Maciel, grabada el 21 de junio de 1956.

La última

1957

Ya no puedo equivocarme, sos la última en mi vida,
y es la última moneda que me queda por jugar.
Si no gano tu cariño, la daré por bien perdida
ya que nunca más mi vida me permitirá ganar.

Te confieso deslumbrado que no esperaba tal cosa.
Ya están luciendo mis sienes pinceladas de marfil,
ya mi patio abandonado no soñaba con la rosa
y se realizó el milagro con la última de abril.

Sos la última y espero que me traigas la ternura,
ésa que he buscado en tantas y que no puedo encontrar.
Ya no quiero pasionismo, ni amorío, ni aventura...
Yo te quiero compañera para ayudarme a luchar.

No me importa tu pasado ni soy quien para juzgarte
porque anduve a los sopapos con la vida yo también.
Además hay un motivo para quererte y cuidarte:
se adivina con mirarte que no te han querido bien.

Fue por eso que te dije ya no puedo equivocarme.
Sos la última que llega a perfumar mi rincón
y esas gotas de rocío que no te dejan mirarme
me están diciendo a las claras que alcancé tu corazón.

Pero si la mala suerte me acomoda el cachetazo
con que siempre está amagando para hacerme fracasar,
no podré sobreponerme a este último fracaso
y yo seré como un grillo muerto al pie de tu rosal.

Letra de Julio Camilloni, música de Antonio Blanco.
Ha quedado una buena versión de Aníbal Troilo,
con el cantor Ángel Cárdenas, que data del
25 de setiembre de 1957.

*"Sos la última y espero que me traigas la ternura,
ésa que he buscado en tantas y que no puedo encontrar.
Ya no quiero pasionismo, ni amorío ni aventura...
Yo te quiero compañera para ayudarme a luchar."*

Barragán, Luis (contemporáneo).
Mujeres.

Mientras viva

1957

Al alba abrí las puertas de mis horas;
al alba fuiste tú:
promesa y luces...
Y ahora están abiertas a un abismo
el más profundo y gris,
porque me huyes.
Acaso llegue a ti mi voz en tango,
en ella va una lágrima y un beso;
la lágrima por ti,
porque te amo,
y el beso porque en él te pierdo menos.

Mientras viva...
Mientras viva serás mi único anhelo
y ese tiempo de nardos que murió.
Antes hubo un sol en mis inviernos
y el río dialogaba con tu nombre;
antes el azúcar de tus besos
la boca me endulzaba día y noche.
Mientras viva...
Mientras viva estarás en mi desvelo
porque fuiste, al final, mi único amor.

Recuerdo que una vez los dos juramos
morir por ese amor
que nos ataba,
que entonces era un tiempo de sonrisas
en la pobreza azul
de nuestra casa.
No llora porque sí mi tango nuevo,
estás en su existencia y en la mía;
hoy hice para ti
sus pobres versos
que duelen casi más que mis heridas.

Letra de Eugenio Majul, música de Lucio Demare.
Fue grabado por Héc-tor Mauré, con orquesta
dirigida por Carlos Demaría, el 5 de julio de 1957.

"Antes hubo un sol en mis inviernos
y el río dialogaba con tu nombre;
antes el azúcar de tus besos
la boca me endulzaba día y noche."

Audivert, Pompeyo (1900-1977).
El beso.

El último guapo

1958

Con el funyi tirao sobre un ojo
y un amago de tango al andar,
sin apuro, sobrando de reojo,
el último guapo vendrá al arrabal.
Entrará por la calle angostita
y al pasar frente al viejo portón
silbará pa' que vuelva a la cita
la piba que es dueña de su corazón.

El farolito perdido,
el callejón sin salida
y el conventillo florido
saldrán del olvido
de nuevo a la vida.
El almacén de los curdas,
la luna sobre un puñal,
una caricia y un beso
serán el regreso
del viejo arrabal.

Con un fueye que es puro rezongo
y dos violas cinchando al costao,
otra vez, del antiguo bailongo
el último guapo será el envidiao.
Jugará con desprecio su vida
por el sol de un florido percal
y se irá, sin llevar ni una herida,
el último guapo, del viejo arrabal.

Letra de Abel Aznar y música de Leo Lipesker.
Fue grabado por José Basso con su cantor
Alfredo Belusi, el 7 de octubre de 1958.

"...otra vez, del antiguo bailongo
el último guapo será el envidiao."

Juan Battle Planas (1911-1966).
Tango.

En la madrugada

Una esquina de ayer
en las horas que el sol
hace rato apoliya
y en la silla de un bar
una dama vulgar
y un galán que la afila.
Un bohemio en un rincón escribe letras;
con el dedo un gran señor manda otra vuelta.
Un saludo cordial
y el silbato alegrón
de un vapor al llegar.

Arrabaleros cafetines
donde empeñan sus abriles
las muchachas de percal
y entre las copas sin historia
cada historia es una copa
que derrama la ciudad.
El invento tragavento
suelta música de jazz...
Muchachitas de ojos tristes
que nos vienen a esperar...
Y un varón del novecientos,
descontento,
que reclama su gotán.

Un rayito de luz
va cargando su cruz
por la calle desierta
y en la acera un galán
que se abrocha el gabán
arrimado a una puerta.
Allá arriba el cielo azul se despereza...
Palidez de otro mantel sobre la mesa...
Y después, al partir,
moneditas de sol
sobre el amanecer.

*"Arrabaleros cafetines
donde empeñan sus abriles
las muchachas de percal..."*

Torrallardona, Carlos (1913-1986).
Reservado para familias.

*Letra de Federico Silva, música de Tito Cabano.
Data del año 1959. Julio Sosa lo grabó con la
orquesta de Leopoldo Federico el 12 de junio de 1961.*

Sueño de barrilete

1960

Desde chico yo tenía en el mirar
esa loca fantasía de soñar,
fue mi sueño de purrete
ser igual que un barrilete
que elevándose a las nubes
con un viento de esperanza sube, y sube.
Y crecí en ese mundo de ilusión,
y escuché sólo a mi propio corazón,
mas la vida no es juguete
y el lirismo es un billete sin valor.

Yo quise ser un barrilete
buscando altura en mi ideal,
tratando de explicarme que la vida es algo más
que darlo todo por comida.
Y he sido igual que un barrilete,
al que un mal viento puso fin,
no sé si me faltó la fe, la voluntad
o acaso fue que me faltó piolín.

En amores sólo tuve decepción,
regalé por no vender mi corazón,
hice versos olvidando
que la vida es sólo prosa dolorida
que va ahogando lo mejor
y abriendo heridas, ¡ay!, la vida.
Hoy me aterra este cansancio sin final,
hice trizas mi sonrisa, mi ideal,
cuando miro un barrilete
no pregunto: ¿aquel purrete dónde está?

*Es el primero de los tangos de Eladia Blázquez.
Sus grabaciones datan de 1968 y 1969.*

El *Sueño de barrilete* de Eladia Blázquez, ¿podría estar mejor acompañado que por los sueños de otro artista, Antonio Berni, quien a comienzos de la década del 60, dio a luz a Juanito Laguna, figura emblemática surgida de las nuevas formas urbanas y arquetipo de una cultura de deshechos? En sus "sueños" Juanito, sumergido en el bañado de Flores, podía alguna vez "saludar a un cosmonauta a su paso", "llevar comida a su padre", "tratando de explicar que la vida es algo más que darlo todo por la comida" o remontando un barrilete *que elevándose a las nubes con un viento de esperanza sube y sube.*

*"Desde chico yo tenía en el mirar
esa loca fantasía de soñar,
fue mi sueño de purrete
ser igual que un barrilete
que elevándose a las nubes
con un viento de esperanza sube, y sube."*

Berni, Antonio (1905-1981).
Juanito remontando un barrilete.

¡Por qué la quise tanto!

1961

Remotos bandoneones
despliegan en la noche
sus pájaros de brumas
y un coro de fantasmas
que gritan en las sombras
preguntan y preguntan,
preguntan por qué lloro,
preguntan por qué canto,
por qué no la maldigo,
por qué la quise tanto... tanto...

Yo sólo sé que fue el remanso de mi vida gris,
que en el calvario de mis días fue una tibia luz,
que bendigo esta negra cruz,
que está aquí y está ausente
y sangra en mis labios desesperadamente.

Las sombras implacables
jugando con mi angustia
me acosan y preguntan,
preguntan por qué en vano
la espero todavía,
por qué vivo soñando
que alguna vez fue mía... mía...

Letra de Rodolfo M. Taboada y música de Mariano Mores. Estrenado por Hugo del Carril en el espectáculo Estrellas en el Avenida, presentado en el teatro "Avenida" en setiembre de 1961.

El espectáculo "Estrellas en el Avenida" se montó en base a un gran show protagonizado centralmente por Tita Merello, Hugo del Carril, Mariano Mores, Tato Bores y María Antinea bajo la dirección de Cecilio Madanes y la participación de otros artistas nacionales y extranjeros.

La obra estaba organizada en trece números, ambientado cada uno en un color distinto.

La revista *Platea*, al anunciar el estreno de este espectáculo en su número del 14/9/61, comentaba: *Tita Merello cantará y bailará un tango junto a Hugo del Carril, y animará un "sketch" en el que cantará en francés y pronunciará inconvenientes —y robustas— palabras francesas.*

Prácticamente Estrellas *carece de texto —salvo el de Tato Bores que lo escribió César Bruto— y fue "visualizado por Cecilio Madanes siguiendo las pegadizas partituras que compuso Mariano Mores".*

Yo no sé música —dice Madanes—, Mariano Mores toca y yo imagino qué puede pasar en el escenario. El espectáculo lo dibujé hace tres meses.

Pocas veces se reunieron en Buenos Aires figuras de tanta repercusión, como Tita Merello, Hugo del Carril, Mariano Mores, María Antinea, comandados por el entusiasta creador del Teatro Caminito, Cecilio Madanes.

Portada de la revista Platea con el comentario del estreno de la obra.

Bronca

1962

Por seguir a mi conciencia
estoy bien en la palmera
sin un mango en la cartera
y con fama de chabón.
Ésta es la época moderna
donde triunfa el delincuente
y el que quiere ser decente
es del tiempo de Colón.
Lo cortés pasó de moda,
no hay modales con las damas;
ya no se respetan canas,
ni las leyes ni el poder.
La decencia la tiraron
en el tacho'e la basura
y el amor a la cultura
todo es grupo, puro bluff.

¿Qué pasa en este país?
¿Qué pasa mi Dios,
que nos venimos tan abajo?
¡Qué tapa nos metió
el año 62!
¿Qué pasa?
¿Qué signo infernal
lo arrastra al dolor?
Ya ni entre hermanos se entienden
en esta gran confusión...
Que si falta la guita...
Que si no hay más lealtad...
¿Y nuestra conciencia,
no vale eso más?

Pucha, ¡qué bronca me da
ver tanta injusticia de la humanidad!

Refundir a quien se puede
es la última consigna
y ninguno se resigna
a quedarse sin chapar...
Se trafica con la droga,
la vivienda, el contrabando...
Todos ladran por el mando...
Nadie quiere laburar.
Los muleros van en coche,
Satanás está de farra

y detrás de la fanfarra
salta y baila el arlequín...
¡Es la hora del asalto!
¡Métanle que son pasteles!
Y así queman los laureles
que supimos conseguir.

Letra de Mario Batistella, música de Edmundo Rivero. Data de diciembre de 1962 y fue cantado por Edmundo Rivero en diversos lugares balnearios durante el verano de 1962/63. Al retomar su labor en la radio El Mundo, en marzo de 1963, se le informó que la irradiación de esa página había sido prohibida. Era presidente de la Nación el doctor José María Guido.

Entre el 17 y el 23 de setiembre de 1962 Buenos Aires y sus alrededores vivieron un auténtico clima de guerra. Esta vez la población tuvo la sensación de que "la cosa iba en serio". Dos grupos los "azules" y los "colorados" se disputaban la "salvación de la patria". El general Onganía, figura ascendente, Comandante de la Caballería, había planteado la remoción del Secretario, del Comandante en Jefe, y del Jefe del Estado Mayor del Ejército, Cornejo Saravia, Lorio y Labayru respectivamente. Esta cúpula militar se hizo fuerte en distintas unidades, pero Campo de Mayo y los regimientos de tanques de Magdalena respaldaban a Onganía. Hubo combates en Plaza Constitución, Parque Chacabuco y Parque Avellaneda.

A esta lucha se agregó una novedad radial: los célebres comunicados del sector rebelde con consignas seductoras: *Estamos dispuestos a luchar para que el pueblo pueda votar. ¿Está Ud. dispuesto a luchar para que el pueblo no vote?*

O estas otras: *Despues de Batista viene Fidel Castro y la dictadura siempre lleva al comunismo.*

Esta acción psicológica era instrumentada por el sociólogo José E. Miguens y por el periodista Mariano Grondona.

La denominación que asumieron los rebeldes fue de *azules*, color que en los juegos de guerra define a las fuerzas propias, en contraposición a las enemigas, que siempre son *coloradas*.

En cuanto al presidente Guido, tenía una posición paradójica: cercado cada vez más por el grupo golpista, *los colorados*, se veía obligado a apoyarlo, puesto que, formalmente, detentaba la autoridad del Ejército. Pero íntimamente estaba con los rebeldes, *los azules*, que en realidad eran los legalistas, cuyo triunfo le permitiría liberarse de los primeros y ensayar, con sus amigos, una salida electoral más o menos abierta.

El 23 de septiembre *los colorados* se rindieron. Onganía fue designado Comandante en Jefe.

Surgía una nueva personalidad, enérgica y lacónica, la del jefe "azul", que impresionaba hasta a los hinchas de Boca, que en la cancha gritaban: *melones, sandías / a Boca no lo paran ni los tanques de Onganía.*

Uno de los factores que conspiraron contra las intenciones del gobierno fue el creciente malestar social. Entre abril y octubre de 1962, el costo de la vida había subido un 26%, también aumentaba la desocupación y numerosos gremios comenzaron con medidas de fuerza. *En esta gran confusión,* como dice el tango, llegamos al verano caliente (1962-1963), en medio de una gran sequía y con el aumento del costo de vida, aumentado en 50%, durante noviembre y enero. Entre rumores, contradicciones y ambigüedades se *quemaban los laureles que supimos conseguir* y como no podía ser de otra manera la falta de democracia selló una vez más el canto de las gentes, prohibiendo la difusión de este tango en marzo de 1963.

La híbrida figura presidencial de José María Guido fue satirizada en un dibujo de Medrano en 1962, donde la sombra que proyecta el presidente es la de Arturo Frondizi.

Los frecuentes pronunciamientos militares eran comentados jocosamente por la prensa, donde se observa en un dibujo de Medrano, a los vecinos congregados en una terraza para no perderse "el último bombardeo"; o el tanque dibujado por Quino dando vuelta al obelisco.

El último café

1963

Llega tu recuerdo en torbellino.
Vuelve en el otoño a atardecer...
Miro la garúa y mientras miro
gira la cuchara de café...
Del último café
que tus labios, con frío
pidieron esa vez
con la voz de un suspiro...
Recuerdo tu desdén,
te evoco sin razón,
te escucho sin que estés:
"Lo nuestro terminó",
dijiste en un adiós
de azúcar y de hiel...
Lo mismo que el café,
que el amor, que el olvido,
que el vértigo final
de un rencor sin porqué...
Y allí con tu impiedad,
me vi morir de pie,
medí tu vanidad
y entonces comprendí mi soledad
sin para qué...
Llovía, y te ofrecí el último café.

*Letra de Cátulo Castillo y música de Héctor Stampone.
Obtuvo el primer premio en el concurso abierto en 1963
por la firma comercial Odol. Ha sido repetidamente
llevado al disco fonográfico.*

Entre 1955 y 1966, los estratos medios dieron el tono a la vida política, económica y cultural argentina. La situación económica de estos años había permitido incorporar a los sectores bajos de la población elementos del "confort" doméstico: la heladera eléctrica o de gas, la olla "a presión", el "changuito" para comprar en el mercado, la licuadora y, más tarde, la televisión, que empieza a fabricarse en el país en 1956. A partir de entonces (según estima Ernesto Goldar), la televisión desplaza del mundo del espectáculo, al cine y a la radio.

Comienzan en TV ciclos perdurables, como "Odol pregunta", que trasladó el éxito de sus concursos radiales a este nuevo medio de comunicación masiva.

En concurso abierto organizado por esta firma, obtuvo el primer premio el tango que nos ocupa, *El último café*.

Surgen en canal 7 Pinky, locutora que adquiere gran prestigio y Nelly Trenti, otra animadora, que conduce el panel de "Conteste primero".

Gran difusión alcanzan también "Grandes conciertos", "Todo es Navidad" y especialmente "La familia Falcón", encabezando el elenco de ésta Roberto Escalada, Elina Colomer y Pedro Quartucci. Se transmitía en episodios por el canal 13, mostrando las peripecias de un típico hogar de la clase media.

Odol pregunta por un millón de pesos (canal 7),
1963, Augusto Bonardo, uno de los conductores
de este programa.

Nelly Trenti conduciendo *Conteste primero* (Canal 7 - 1963).

Pinky, en su programa *Sabaditos de Pinky*.

La familia Falcón (R. Escalada, E. Colomer y P. Quartucci)

RECIEN CASADOS. — Yo te habro dicho, querido, que teniamos que comprar por lo menos la mesa y un par de sillas antes que el televisor...

Viñeta "La fascinación del televisor", ilustrada por una historieta.

Alguien le dice al tango

1965

Tango que he visto bailar
contra un ocaso amarillo
por quienes eran capaces
de otro baile, el del cuchillo.
Tango de aquel Maldonado
con menos agua que barro,
tango silbado al pasar
desde el pescante del carro.

Despreocupado y zafado,
siempre mirabas de frente.
Tango que fuiste la dicha
de ser hombre y ser valiente.
Tango que fuiste feliz,
como yo también lo he sido,
según me cuenta el recuerdo;
el recuerdo fue el olvido.

Desde ese ayer, ¡cuántas cosas
a los dos nos han pasado!
Las partidas y el pesar
de amar y no ser amado.
Yo habré muerto y seguirás
orillando nuestra vida.
Buenos Aires no te olvida,
tango que fuiste y serás.

*Letra de Jorge Luis Borges, música de
Astor Piazzolla.
Es una de las once composiciones
incluidas por Borges en su plaquette*
Para las seis cuerdas, *publicada en
1965, y una de las cuatro de ellas
musicalizadas por Astor Piazzolla
y cantadas inicialmente por
Edmundo Rivero.*

El tango enriqueció su acerbo por la pluma de grandes escritores, entre ellos el más grande de la literatura hispanoamericana de este siglo, Jorge Luis Borges (1899-1986). Desde su primer libro de poemas, *Fervor de Buenos Aires*, manifestó su amor por la ciudad que lo vió nacer. El tema del tango, del barrio de Palermo, los personajes y su historia, fueron inspiración permanente de su obra.

Los guapos y compadritos, que ambientó magistralmente, conforman retratos antológicos de las escenas y costumbres del viejo Buenos Aires. Las milongas, juguetonas y arrabaleras, contaron con su predilección.

Páginas memorables como *El hombre de la esquina rosada*, su poema *El tango* y además la colección de milongas *Para las seis cuerdas*, entre ellas *Jacinto Chiclana*, constituyeron parte de sus geniales aportes a la historia del tango.

*"Yo habré muerto y seguirás
orillando nuestra vida.
Buenos Aires no te olvida,
tango que fuiste y serás."*

Jorge Luis Borges (1899-1986).